어두운 간격

어두운 간격

지은이 / 존 도미닉 크로산

옮긴이 / 이대성

펴낸이 / 김준우

초판 펴낸날 / 2009년 6월 10일

펴낸곳 / 한국기독교연구소

등록번호 / 제8-195호(1996년 9월 3일)

경기도 고양시 일산동구 장항2동 730, 우인 1322호(우 410-837)

전화 031 929 5731, 5732(fax)

Internet Homepage: www.historicaljesus.co.kr.

e-mail address: honestjesus@hanmail.net

인쇄처: 조명문화사 (전화 02-498-3017)

표지 디자인: 정희수

배본: 하늘유통

이 책의 한국어판 저작권은
Polebridge Press사와의 독점계약으로 한국기독교연구소가 소유합니다.
저작권법에 따라 국내에서 보호받는 저작물이므로
무단전재와 무단복제를 금합니다.

The Dark Interval by John Dominic Crossan

Copyright © 1988 by John Dominic Crossan

Korean Translation copyright © 2001 by Korean Institute of the Christian Studies, arranged with the author c/o Polebridge Press.

ISBN 978-89-87427-88-1 94230

ISBN 978-89-87427-87-4 94230(세트)

값 10,000원

어두운 간격

– 이야기 신학을 위하여 –

존 도미닉 크로산 지음

이대성 옮김

한국기독교연구소

The Dark Interval

- Toward a Theology of Story -

by
John Dominic Crossan
Sonoma, CA: Polebridge Press, 1988.

Korean Translation
by
Dae Sung Lee

Korean Institute of the Christian Studies

시카고 드폴 대학교(DePaul University)
종교학부 동료들에게
이 책을 바칩니다.

나는 희귀할 정도로 완벽한 조화를 이루는 두 음표 사이의 쉼표이다. 왜냐하면 죽음의 음표가 화음을 지배하지만, 양자는 어두운 간격에서 전율을 일으킬 정도로 조화를 이루기 때문이다. 그렇게 노래는 흠 하나 잡을 수 없게 진행된다.

- Rilke, *The Book of Hours*, 1

목차

<21세기 기독교 총서>를 발간하면서 · 9

서문 · 17

1장. 한계의 신학 · 23

2장. 이야기의 길 · 57

3장. 비유의 전통 · 73

4장. 비유꾼 예수 · 99

끝맺음 말: 비유꾼이 비유가 되다 · 133

참고문헌 · 139

〈21세기 기독교 총서〉를 발간하면서

이 땅의 민초들은 20세기 전반부를 식민지 치하에서 수탈 당했으며, 20세기 후반부는 냉전 분단체제 아래에서 숨죽이며 통곡하였다. 역사의 구비마다 바람 따라 눕히고 채이면서도 소처럼 묵묵히 일만 해 온 민초들은 이제 21세기 문턱에서 신자유주의라는 새로운 레비아탄으로 인해 신음하며 죽어가고 있다. 외세의 제국주의적 팽창주의 앞에서 권력자들이 보여준 무능과 야합, 부패의 결과가 사회적 혼란을 초래하고 민초들의 숨통을 조이는 역사가 오늘도 여전히 되풀이되고 있는 현실이다. 아니, 21세기는 이 땅의 민초들에게 더욱 혹독한 시련의 세기가 될 것으로 보인다. 전세계적으로 죄 없는 생명체들을 대량 학살하는 악의 세력들이 그 마각을 더욱 분명히 드러내었기 때문이다.

다시 말해서, IMF 관리 체제가 가져다 준 충격과 고통을 통해 우리는 "세계화 시대"의 허위와 타락을 은폐시키는 문화적 중독에서 깨어나, 한국 사회의 구조적 모순뿐 아니라, 세계경제의 구조적 모순, 더 나아가 인류문명의 절박한 위기에 대해 눈뜨게 되었다. 세계경제의 구조적 불평등과 생태계 파괴로 인해 전세계의 약자들이 현재 "멸망의 벼랑 끝"에 서 있음을 분명히 깨닫게 된 것이다. 반만 년 민족사에서 처음으로 보릿고개를 극복하자마자, 우리는 자본의 전략에 말려들어 재물과 소비에 눈이 멀게 되었고, 결과적으로 이웃과 역사, 민족의 미래와 꿈은 물론이며 자신의 삶에 대한 반성, 생명의 신비와 하늘의 음성을 잊어버림으로써 국가 부도의 위기를 맞이했지만, 악의 세력과의 싸움은 이제부터 단지 시작이며, 그 승패는 우리들의 각성과 치열한 연대투쟁 여하에 달려 있음을 깨닫게 된 것이다.

세계인구 가운데 상위 20%가 1998년 현재 전세계 소득 총액의 86%를 움켜쥐고 있는 반면에, 나머지 80%의 인구는 전세계 소득총액의 14%를 나눠먹기 위해 아귀다툼하는 현실에서 기독교는 과연 누구의 편인가? 가진 자들은 세계 곡식 총생산량의 47%를 가축의 사료로 사용하여 고단백질 육류 음식으로 배를 채우는 반면에, 다섯 살 미만의 굶주리는 어린이만 해도 2억 명이나 되며, 매일 4만여 명의 어린이들이 굶주림으로 죽어 가는 현실에서 "자비와 정의의 하나님"은 어디에 계신가? 또한 각종 공해와 오염으로 하늘과 땅, 강과 바다가 죽어가고 있을 뿐 아니라, 매년 5만 종 이상의 생명체 종자들이 이 우주에서 영원히 멸종되며, 35억 년 동안의 생명의 역사상 평균 멸종율의 4만 배나 빠르게 멸종이 진행되고 있는 상황에서, 지질학적으로 지난 6천5백만 년 동안 생명체들이 가장 아름답게 꽃피워왔던 신생대가 끝나가는 상황에서 우리는 어떻게 "생명의 하나님"을 찬양할 수 있는가?

초국적 금융자본을 머리로 하는 세계 자본주의 체제라는 새로운 레비아탄이 "만인의 만인에 대한 투쟁"을 독려하면서 실직과 임금삭감이라는 무기를 통해 노동자들끼리 서로 싸우도록 만들고 오늘날 가난한 사람들의 생사여탈권을 휘두르는 전능한 신으로 군림할 뿐 아니라, 교회와 성직자들을 포위하고 세계 제패를 위한 심리적 전술로 교회를 이용하는 현실에서 기독교의 "복음"이란 무엇인가? 복음이란 여전히 현실의 고통을 잊게 만들며, 세계의 모순들이 존재하지 않는 것처럼 감쪽같이 은폐시키는 허위의식인가? 저항이 싹틀 수 있는 비판적 사고와 부정적 사유를 그 뿌리부터 제거하는 전략인가? 제국주의자들이 토지와 천연자원과 노동력을 착취하는 동안에, 그들과 함께 들어온 식민지 선교사들은 하늘과 땅, 영혼과 육체, 정신과 물질을 분리시키고, 땅과 육체와 물질은 무가치한 것이며 대신에 영혼구원과 저 세상(하늘)의 보상을 바라보도록 가르치며, 가난도 하늘의 뜻이며, 재물은 신의 축복의 증거이며, 국가와 교회에 대해서는 무조건 복종할 것을 요구했던 것처럼, 오늘날에도 기독교는 여전히 선교사들이 물려준 식민주의 신학을 가르쳐 세계시장의 충실한 시녀로 남아 있을 것인가? 더 이상 "세속적 금욕"(막스 베버)이 아니라 "세속적 낭비"(헬무트 골비처)에 의해 유지되는 오늘날의 자본주의 체제가 "무한 경쟁"이라는 이름으로 인간의 이기심과 경쟁심, 소비주의와 향락주의를 부추기고, 도덕적 심성과 협동정신을 파괴시키는 오늘날에도, 예수는 여전히 우리의 모든 문제들에 대한 "해답"인가?

　기존의 착취 구조를 지속시키기 위해 자본은 매스컴과 교육 제도를 통해 인간의 영혼을 팔아 넘기도록 만들며, 자신에 대한 긍지와 자신감, 이웃들과의 협동과 연대보다는 수치심과 경쟁심을 조장하는 현실에서, 예수의 복음마저 우리로 하여금 우리의 운명에 대한 주체성과 책임성을 양도하도록 만드는가? 더군다나 앞으로 50년 내지 60년 후 세계인구가 현재보다 두 배로 늘어날 것을 예상한 사탄의 세력은 세계 인류의 80%에 달하는 "잉여 인구"를 처리하기 위한 전략으로 이미 선진국 어린이들에게 온갖 잔인한 컴퓨터 게임들을 통해 "죽이는 것은 신바람 나는 것"(Kill and Enjoy!)이라는 장난감의 복음을 철저히 세뇌시키는 현실에서, "십자가에서 흘리신 피의 공로를 통한 대속적 구원"은 우리의 책임성과 주체성을 일깨우고 사탄의 세력에 맞서 치열하게 저항하도록 만드는가, 아니면 신의 섭리와 은총에 모든 것을 맡긴 채, "심령의 평안"에 만족하며 악의 현실을 수동적으로 받아들이고 폭력을 체념하도록 만드는 매저키즘을 불러일으키는가? "구원"과 "부활", "영생"과 "재림"은 개인주의와 이기주의를 부채질하는가(ego-logical), 아니면 우주와 생명의 신비 앞에 감사하고 겸허하게 만들며(ecological) 정의를 위해 예수처럼 당당하게 칼날 위에 서도록 만드는가? 지구 전역에 걸쳐 가난한 생명체들의 숨통이 나날이 더욱 조여드는데, 기독교는 무엇을 소망으로 가르치며, 무슨 대안을 갖고 있는가?

21세기는 인류의 생존과 평화를 위한 문명전환의 마지막 기회가 될 것으로 보인다. 인간중심주의, 개인중심주의, 소유중심주의를 극복하고, 생명중심주의, 우주중심주의, 존재중심주의로 패러다임을 전환시키지 않는다면, 21세기는 짐승화(animalization)의 세계가 되고, 인류문명은 파국을 피할 수 없을 것으로 보인다. 그리고 기독교는 이러한 문명전환의 핵심이 되는 "생명에 대한 우주적 각성과 자연에 대한 생태학적 각성, 그리고 사회에 대한 공동체적 각성"(한살림선언)을 통해 "지속가능한 미래"를 보장하는 생명중심의 가치관과 비전(vision)을 제시함으로써 "생태대"를 향해 출애굽(토마스 베리)해야 할 과제를 안고 있다.

그러나 21세기의 문턱에서 한국교회는 양적으로 점차 쇠퇴하고 있으며, 질적으로는 사회적 신뢰성을 잃어 가고 있다. 한국 갤럽의 <1997년 한국인의 종교와 종교의식>(1998)에 따르면, 한국의 비종교인들은 전체 인구(18세 이상)의 53.1%로서 세계에서 가장 높은 수준이지만, 이들 비종교인들 가운데 과거에 개신교 신자였다가 비종교인으로 이탈한 사람들이 73%에 이른다(불교 23.6%, 천주교 12%). 특히 젊은층과 고학력자 가운데 개신교를 이탈하여 비종교인이 되는 비율이 가장 높은 것으로 나타났다. 또한 비종교인들이 종교를 택할 경우 선호하는 종교는 불교 40%, 천주교 37%인 반면에, 개신교를 택하겠다는 사람은 22%에 불과한 것으로 조사되었다. 이런 사실은 한국교회가 21세기에는 유럽과 미국의 많은 교회들처럼 심각한 쇠퇴의 위기에 직면할 가능성이 매우 높다는 염려를 갖게 한다.

한국 개신교회가 이처럼 교회를 찾아온 사람들의 종교적 요청에 대해서조차 충분히 응답하지 못하여 많은 사람들이 교회를 떠날 뿐만 아니라, 대부분의 비종교인들로부터 가장 호감을 얻지 못하는 종교가 된 직접적 원인은 오히려 교회 내부에 있는 것으로 지적되고 있다. 즉 위의 갤럽 조사에서 "대부분의 종교단체는 참 진리를 추구하기보다는 교세확장에 더 관심이 있다"는 질문에 대해 "그렇다"고 응답한 사람들이 79.6%에 이른다는 사실은 위기의 원인이 교회 자체 안에 있음을 보여 준다.

특히 젊은층과 고학력자들이 교회를 떠나는 이유는 첫째로, 한국교회가 지난 30년 동안 교회성장에만 몰두하여, 하나님의 뜻과 진리를 가르치고 실천하는 일을 소홀히 한 채, 개체교회 성장제일주의라는 자폐증을 앓고 있기 때문이다. 한국 개신교회가 평균적으로 전체 재정 가운데 3.88%만을 불우이웃돕기 등 교회 밖의 사회봉사비로 사용하고 있다는 사실은 그 자폐증이 얼마나 심각한 상태인지를 여실히 보여준다.

둘째로 교회성장을 위한 반지성적 분위기와 비민주적인 구조를 갖고 있기 때문인 것으로 지적할 수 있다. 이것은 본질적으로 교회를 인간과 세계의 총체적 해방을 위한 하나님 나라 운동(movement)으로 이해하기보다는, 영적 구원을 위한 기관(institution), 혹은 조직으로 이해하는 경향이 크기 때문이다. 자기 반성과 비판 없는 개인이나 단체는 타락할 수밖에 없다.

셋째로 한국교회가 사회적 신뢰성을 잃게 된 것은 기복적(祈福的)이며 내세지향적인 신앙으로 인해 개인의 영혼 구원에 치중함으로써, 이 세상에서의 책임과 공동체적 의무가 약화된 때문이다. 한국교회가 하나님은 악을 미워하신다고 고백하면서도 일반적으로 사회적 모순과 구조악에 대해 무관심한 채 내면적 유혹과의 싸움에 몰두하는 이유는 바로 이 때문이다.

넷째로 오직 믿음으로만 구원받는다는 교리를 내세워, 맹목적으로 믿을 것을 강요할 뿐, 성서와 기독교의 진리에 대해 정직하게 이해하고 실천하기 위해 질문을 제기하는 것 자체를 불신앙적 태도로 매도하고, 반성적 사색과 지적인 정직성을 어누르는 경향이 주체성을 확립하려는 젊은층과 고학력자를 교회로부터 떨어져 나가도록 만드는 주요 원인이라고 풀이할 수 있을 것이다. "머리가 거절하는 것은 결코 가슴이 예배하지 못한다"(존 쉘비 스퐁)는 진실 때문이다.

다섯째로 예수 그리스도는 영혼 구원을 위해 십자가에 달리심으로써 모든 죄를 용서하시는 분으로 경배될 뿐, 우리도 이 세상 속에서 그리스도를 따라 살아가야 하는 삶의 모델로는 이해되지 않고 있기 때문이다. "믿음을 통한 구원"(以信稱義)의 교리가 그 본래의 역사적 맥락에서 벗어나, 마치 불교에서 힘겨운 고행 대신에 손쉬운 염불을 택한 구원의 수단처럼 되어 버린 때문이다. 칭의(justification)의 목적은 정의 실천(doing justice)이다(롬 6장).

여섯째로 지난 30년간 국민들의 교육 수준이 급격히 높아짐으로써 교인들의 지적인 욕구도 더욱 왕성해졌지만, 한국교회는 일반적으로 아직도 교회 문턱에서 이성을 벗어 놓고 교회 안에 들어올 것을 요구하고 있는 형편이다. 또한 "교리 수호"라는 미명 아래 성서에 대한 문자주의와 아전인수격 해석이 횡행하고 있다. 한국교회의 영성 운동

조차 이처럼 개인주의적이며 비이성적이며 비역사적인 성서 해석에 기초함으로써, 성서와 기독교의 진리를 그 역사적 맥락과 단절시켰고, 우리의 신앙도 역사적 현실로부터 도피하도록 만드는 근본주의 신앙을 배태시키고 있는 실정이기 때문이다.

더군다나 21세기 한국사회는 자본주의의 세계화와 과학 기술의 발달로 인한 치열한 경쟁과 고실업 사회, 생태계의 파괴로 인하여 더욱 비인간적인 사회 문화 환경 속에 자리잡게 될 것이 분명하다. 이런 점에서 21세기에는 고통스런 현실로부터 도피하려는 근본주의가 더욱 기승을 부릴 것으로 예상되기 때문에, 한국교회가 교회 중심주의와 개인의 영혼구원 중심주의, 기복적 신앙과 근본주의 신학을 극복하고, 인간성과 공동체성을 회복하여 한국 역사 속에서 사회적 형평성을 확보하며 민족 통일을 위해 공헌할 것인지, 아니면 역사의 뒤안길로 물러날 것인지가 판가름날 것으로 예상된다.

이런 상황에서 <21세기 기독교 총서>를 발간하는 이유는 첫째, 인구의 절반이 넘는 비종교인들과 전체 인구의 70%가 넘는 비기독교인들에게, 그리고 자신들의 종교적 욕구가 충족되지 않고 있지만 아직 교회 안에 남아 있는 사람들에게 성서와 기독교의 진리를 정직하게 소개함으로써, 기독교 신앙에 대해 새롭게 이해하도록 이성적 발판을 마련하기 위함이다. 둘째로, 예수에 대한 이미지, 특히 그의 가르침의 의미를 정확하게 밝힘으로써, 21세기 한국의 기독교인들이 하나님의 뜻에 합당하게 살 수 있도록 돕기 위함이다. 우주 저편으로부터 들려오는 하늘의 선율에 따라 춤추면서 생명의 선물들에 대해 감사하며, 생명사의 창조적인 전개과정 속에 나타난 하늘의 뜻에 철저히 순종하여, 개인과 공동체의 잠재력을 극대화시키며 정의와 평화, 기쁨의 신천지를 위해 헌신하도록 우리를 부르는 예수는 우리가 본받을 "존재의 영웅"(에릭 프롬)이기 때문이다. 셋째로, 로마제국의 억압과 착취 밑에서 신음하던 식민지 백성들을 해방시키기 위해 "식민지의 아들"(son of the colonized) 예수가 바라보았던 하나님 나라의 비전(vision)과 전략은 오늘날 세계금융자본의 횡포 아래 신음하고 있는 이 땅의 민초들을 위해 교회가 무엇을 해야 하는지를 보여 주기 때문이다. 지금과 같은 소비와 낭비의 시대에 한국교회가 예수를 믿는 것이 곧바로 예수처럼 자기를 비우고 나눔과 섬김을 실천하는 길임을 온몸으로 살아 내지 않는다면, 인간의 영성과 주체성, 연대성을 파괴시키는 세속적 자본주의 문화와 근본주의 신학에 밀려, 점차 더욱 많은 젊은이들이 교회를 떠나게 되어, 한국교회는 붕괴를 자초할 것으로 예상되기 때문이다.

<21세기 기독교 총서>를 통해 비기독교인들이 기독교의 진리를 정직하게 이해하고, 한국교회는 신화적-문자적 신앙단계나 비분석적-관습적 신앙단계를 넘어 주체적이며 반성적인 신앙단계, 더 나아가 접속적 단계나 보편적 신앙단계(제임스 파울러)로 질적인 성숙을 이룩함으로써, 한국 사회 전반의 저주와 죽임의 역사를 극복하고 생명과 축복의 새로운 세상을 만들어 가는 일에 크게 공헌하여 하나님께 영광을 돌릴 수 있게 되기를 기도한다.

"진리는 오로지 진리 그 자체의 힘으로만 인정을 받으며,
 그 힘은 강하면서도 부드럽게 정신에 스며든다."
― 교황 바오로 2세의 회칙 "세 번째 천년을 맞이하며"에서 ―

1999년 성령강림절 기간에
한국기독교연구소에서 김 준 우

서문

　이 책은 적은 분량에도 불구하고 지금까지 성서학과 신학 분야에 끼친 영향이 크다. 이 책을 독자들이 좋아했던 이유는 부분적으로는 이 책이 다루는 주제가 흥미로웠기 때문이었고, 또 한편으로는 이 책이 다양한 분야의 학문을 오가면서 중요한 문제들의 본질을 정확히 짚어주었기 때문이다. 크로산(John Dominic Crossan)의 문장 하나 하나에는 아일랜드적인 뿌리와 시적인 취향이 드러난다. 그렇지만 그의 특별한 스타일이 다양한 모습을 띠고 등장하는 이야기라는 이 책의 주제의 중요성을 조금도 약화시키지는 않는다.

　이 책에서 저자는 비유를 다른 이야기와는 구별되는 독특한 유형의 이야기로 소개하려고 한다. 크로산은 비유(parable)를 신화(myth), 교훈적 우화(apologue), 행동(action), 풍자(satire) 등과 같은 다른 유형의 이야기들과 비교하고 대조시킨다. 그에 의하면 비유는 이야기의 여러 가능한 형태 중 한쪽 끝에 위치해 있고, 반대 쪽 끝에는 신화가 자리 잡고 있다. 이와 같은 유형론을 전개하면서 그 안에서 비유가 차지하는 위치를 규명하기 위해 크로산은 몇 가지 중요한 논의를 전개하는데 그것을 이곳에서 요약해보려고 한다. 이렇게 하는 것이 독자들이 크로산의 책을 직접 읽으면서 느끼게 되는 긴장과 즐거움을 반감시키지 않기를 바란다.

　저자는 우선 다양한 이야기 유형의 범위를 설정한다. 그리고 그는 신화를 한 쪽 끝에 위치시키고, 왜 비유가 반대 쪽 끝에 가게 되는지 설명한다. 그 다음 크로산은 구조주의의 도움을 받아 비유가 어떤 기능을 하는지 분석한다. 구조주의는 매우 추상적인 방법을 통해 청중/독자의 기대와 줄거리 구조와의 상관관계를 규명한다. 1988년의 시점에서 크로산의 이러한 접근 방법은 조금 시대에 뒤떨어진 것으로 여겨질 수도 있지만, 이 책에서 저자는 매우 효과적으로 구조주의를 활용한다. 하지만, 구조주의적 분석이 그의 중요 논점을 좌우할 만큼 결정적 역할을 하는 것은 아니다. 마지막 단계로, 크로산은 그가 제안하는 새로운 틀, 혹은 패러다임을 예수의 비유에 구체적으로 적용하면서 그의 이론을 검증해 본다. 이것이 간단하게 살펴본 이 책의 전체 구조이다.

다양한 종류의 이야기가 있다고 말하면서 크로산은 신화를 한 쪽 끝에, 그리고 비유를 다른 쪽 끝에 위치시켜 놓았기 때문에, 그는 이야기가 - 사실은 모든 언어가 - 한계(limit)를 갖고 있다는 것을 증명해야 한다. 이것이 제1장 "한계의 신학"에서 그가 시도하는 것이다.

한계를 규정함으로, 크로산은 초월로 가는 길을 준비한다. 제1장의 마지막 문장에서 그는 초월이라는 주제를 명백하게 도입한다. 그가 이렇게 한 것은 매우 적절한 것인데, 그 이유는 이 책 전체의 주제는 바로 초월에 대한 교훈이라고 볼 수 있기 때문이다. 만일 이 책 자체를 하나의 이야기로 간주하고 크로산이 제시하는 여러 이야기의 유형 중 어디에 속하는지 적용해본다면 두 번째 유형인 교훈적 우화에 속할 것이다. 이 책 자체가 이야기는 아니지만 교훈적 우화의 성격을 띠고 있다. 이 점을 생각해볼 때, 우리는 크로산의 이야기 유형론을 꼭 이야기나 혹은 이야기가 주를 이루는 글 외에 다른 다양한 언어적 표현에도 적용할 수 있다는 가능성을 보게 된다.

인간이 이야기 밖으로 나갈 수 없다는 것은 우리의 궁극적 한계이다. 우리가 어떤 구체적인 이야기나 특정한 이야기 형태를 벗어날 수는 있다. 그렇지만 이야기 자체를 벗어날 수는 없다. 우리가 사는 세계는 우리의 이야기에 의해서, 이야기 속에서 만들어진 이야기적 세계이다. 우리는 우리 밖에 실제적이고 객관적이며 신뢰할만한 세계가 있다고 믿고 싶어한다. 그렇지만 곧 그런 생각도 하나의 이야기일 뿐이라는 것을 깨닫게 된다. 그래서 우리는 문자적이고 영속적이고 변하지 않는 진리의 이야기에 언젠가는 도달할 것이라는 헛된 기대를 하면서 수많은 이야기들을 끊임없이 양산해내고 있다.

영원히 진리로 남을 최종적인 이야기에 대한 환상은 신화에서 가장 잘 표현된다. 사람들은 대부분 신화를 잘못 이해하고 있다. 신화는 허황된 이야기이거나 신 혹은 여신에 대한 이야기가 아니다. 신화는 우리가 살고 있는 세계 안에 아무렇게나 일어나고 있는 일들에 일관된 패턴을 부여하고, 눈에 보이는 현상을 어떤 궁극적인 실재로 대체하고, 모순적인 경험에 의해 발생하는 좌절들을 고차원적인 일치를 통해 화해시킴으로 이 세계에 질서를 가져다준다. 각 신화들을 통해서 이루어지는 화해가 신화의 기본적인 기능이라고 생각할 수도 있다. 그러나 신화의 더 중요한 목적은 화해가 가능하다는 것을 입증하는 데 있다. 크로산은 이것을 다음과 같이 표현한다: 구체적인 해결을 이루는 것보다 해결의 가능성을 믿는 것이 더 중요하다.

창세기 1-2장의 창조 신화에서 보듯, 신화는 말 그대로 세계를 창조한다. 반면에 비유는 그 반대되는 기능을 수행한다. 비유는 세상의 기초를 도려낸다. 비유는 평화가 아니라 검을 가져온다. 비유는 신화에 의해 확립된 인간의 기대에 도전함으로 그런 기능을 수행한다. 신화 덕택에 우리가 갖게 된 모든 기대를 비유는 갉아내고, 비웃고, 부셔버린다. 우리가 인류의 보편적인 규범을 따라 신은 권선징악의 신이라고 믿을 때, 비유는 그 반대가 사실이라고 증명한다. 크로산에 의하면, 비유는 받아들여진 세계를 공격하고 전복시킨다. 비유는 이야기의 어두운 밤이다.

이런 설명을 들으면 비유가 실제보다 불길한 것이라고 생각할 수도 있겠다. 그러나 비유가 항상 청중이나 독자를 위협하여 충격을 주는 것은 아니다. 그 이유는 청중은 마음에 맞는 것은 잘 듣고, 낯선 것은 무시하는 경향이 있기 때문이다. 우리는 너무나 자주 비유를 우리의 지배적인 신화와 일맥상통하는 이야기로 잘못 읽는다. 그러나 좋은 비유는 독자 속에 있는 그런 강한 성향을 이겨낸다. 이럴 경우 비유는 너무나도 조심스럽게 우리 기대의 뿌리를 갉아먹기 때문에, 비유의 뜻을 깨닫는 순간, 이미 그때는 아무것도 돌이킬 수 없다는 것을 알게 된다.

이 모든 내용을 크로산은 "이야기의 길"과 "비유의 전통"(2장과 3장)에서 설명한다. 그는 룻기, 요나서, 그리고 카프카(Kafka)와 보르헤스(Borges)의 현대적 비유에 대한 간단한 구조주의 분석과 그 적용을 통해 논의를 전개한다. 그 내용을 간단하게 설명하면 다음과 같다: 모든 인간은 특정한 "증여자"(giver)가 특정한 "수령자"(receiver)에게는 좋은 증여물을 주고, 다른 수령자에게는 나쁜 증여물을 준다는 기대를 갖고 있다. 좋은 증여물을 O+(positive object, 긍정적 객체), 나쁜 증여물을 O-(negative object, 부정적 객체)라고 표시할 수 있고, 이와 비슷한 방식으로 좋은 수령자를 R+, 나쁜 수령자를 R- 로 표시할 수 있다. 신화는 이와 같은 기대를 수립하고 보강하는 역할을 한다.

그런데 어떤 이야기 속에서 O+가 R-에게 주어지고 O-가 R+에게 주어졌을 때 우리가 얼마나 놀랄지 상상해 보라. 이런 이야기 속에는 기대의 역전(reversal)이 포함되는데, 이 역전 때문에 이 이야기는 비유가 된다. 요나서에서 우리는 요나가 예언자이기 때문에 하나님의 뜻에 복종하기를 기대하는데 요나는 복종하지 않는다. 이스라엘에 알려진 모든 형태의 신화에 근거하여 우리는 니느웨 사람들이 분명히 하나님의 뜻에 복종하지 않을 것이라고 기대하는데, 놀랍게도 이들이 회개한다. 결과적으로 요나서는 신화적 기대를 뒤집어 놓았기 때문에 비유이다.

크로산은 특히 예수의 비유를 이와 같은 틀에서 매우 탁월하게 해석한다. 이 책과, 그의 다른 책 『비유 안에서』(*In Parable*)에서 크로산은 예수의 비유와 그의 몇몇 행동이 당시 확립된 기대를 완전히 역전시킨다고 주장한다. 예를 들어, 예수는 하나님의 사람이기 때문에 존경받는 사람들과 어울릴 것이라는 기대와는 반대로, 그는 죄인들, 창녀들과 더불어 먹는다. 그는 바리새인의 기도와 세리의 기도 중 어느 것이 더 합당한 기도인지에 대한 일반의 기대를 역전시킨다. 예수는 사마리아인을 나쁜 사람이라고 예측하는 상황에서 그를 영웅으로 부각시킨다. 더 나아가 크로산은 비유를 담고 있는 전승(tradition)이 비유의 이런 특징을 손상시켜 비유를 신화처럼, 즉 주어진 세계의 기초를 강화시켜주는 이야기처럼 해석하려는 경향이 있다는 것을 지적한다.

전승의 이와 같은 성향은 전승이 흔히 거쳐 가는 순환과정을 잘 드러낸다: 신화는 모순(contradictions)과 좌절들(frustrations)이 해소되어 조화를 이루는 한 세계를 만들고 그 세계에 자양분을 공급한다; 비유는 기대를 좌절시키고 모든 것을 뒤집어 버림으로 그 세계의 뿌리를 훼손시킨다; 이제 비유가 전승 안에서 점차 순화되어 신화로 변질된다; 새로운 비유가 등장하여 새로운 순환과정이 시작된다.

크로산의 책도 순환적인 움직임으로 구성되어 있다: 그는 우선 한계(limit)를 설정한다, 그리고 맨 끝에 한계로서의 비유로 돌아온다. 비유는 허구적인 이야기로서, 그것이 이야기라는 사실을 강조하는 특징을 갖고 있으므로, 자신의 존재론적 근거를 제거한다. 정확하게 이해하자면, 비유는 자기 자신의 한계이다.

예수의 가르침 중 비유는 하나님의 나라에 관한 것이기 때문에 이 또한 다른 종류의 한계이다. 하나님의 나라는 인류의 꿈과 기대에 영구적인 한계를 부여함으로써 이를 좌절시킨다. 예수는 그의 추종자들에게 마치 이렇게 얘기하는 것과 같다: 너희가 원하는 모든 것, 바라는 모든 것, 갖고 싶다고 생각하는 모든 것 - 하나님의 나라는 그것과 다르다. 하나님의 나라는 항상 놀라움으로 다가온다.

이 작은 분량의 책 속에는 완전히 이해하기 어려운 개념들이 많이 있다. 꼼꼼하지 않은 독자들은 읽기를 포기하거나 심지어 신경질을 낼 수도 있다. 그렇지만 인내를 갖고 읽는 독자들은 언어, 이야기, 신학의 역할을 깊이 이해하는데 소중한 실마리를 찾게 될 것이다. 어떤 독자들은 이 중 하나를 이해함으로 다른 것을 더 깊이 이해할 수 있다는 것을 깨닫게 될 것이다.

이 책을 다시 출판하는 것을 허락하면서 크로산은 친절하게도 본문을 다시 살펴보면서 필요한 부분을 수정하고 또 새로운 내용을 추가해 주었다. 따라서 이 책은 개정판, 혹은 수정판이라 할 수 있다. 초판의 참고문헌은 의도적으로 최소화 했었는데, 이 책에서는 편집부의 작업을 통해 참고문헌이 보완되고 추가되었다. 크로산의 이 책은 그를 앞서간 몇몇 선구자들과 이 책이 제시하는 여러 문제의 실마리들을 추적하며 발전시켜온 많은 추종자들에 의해 둘러싸여 있다. 나의 이 글을 통해 크로산의 책에 동감하는 친구가 또 한 사람 있다는 것을 밝히게 되어 흡족하게 생각한다.

- 로버트 펑크(Robert W. Funk)

1장

한계의 신학

"한계"(limit)라는 단어가 대부분의 사람들에게는 부정적인 의미로 받아들여지기 때문에, 우선 간단하게 이 단어의 뜻을 설명하려고 한다. 한계의 신학을 말할 때, 나는 멥새는 황새처럼 걷는 법을 배우려고 해서는 안 된다는 식의 이야기를 하려는 것이 아니다. 또한 다른 사람을 억압하거나 차별하기 위해 인간의 악한 성품이 만들어내는 온갖 종류의 제한에 대해 말하려는 것도 아니다. 더욱이, 나는 인종적이거나 성적인, 혹은 세속적이거나 종교적인 편견과 같은 오만한 인간적 권위에 근거하여 인위적으로 강요된 제한에 대해서 말하려는 것도 아니다. 그리고 마지막으로, 지금은 알지 못하지만 장차 언젠가는 우리가 깨닫게 될, 그런 부류의 지식의 한계에 관심을 갖고 있는 것도 아니다.

그렇다면, 한계라는 단어를 통해서 무엇을 말하려고 하는가? 다른 무엇보다도 두 가지 경험이다. 첫째는 누구도 피할 수 없는 죽음의 경험이다. 『두이노의 비가』(The Duino Elegies)의 제9비가에서 시인 릴케(Rilke)는 다음과 같이 장엄하게 죽음을 묘사했다.

그러나 이곳에 있음이 중요한 것이기에,
또 이곳에 있는 것 전부가, 그것은 사라질 것이지만,
이상하게도 우리를 필요로 하고 우리에게 관심을 두기 때문에.
사실은 우리야말로 금방 사라질 존재이지만.
모든 존재는 한 번뿐, 단 한 번뿐, 한 번뿐. 더 이상은 없다.
우리도 한 번뿐. 다시는 없다.
그러나 이 한 번 있었다는 것, 비록 단 한 번뿐이지만
이 땅에 한번 있었다는 사실 - 이것은 결코 지워지지 않는다.[1]

내가 이 구절을 꼭 집어서 인용한 이유는 이 구설이 "한 번" 이라는 단어를 반복해서 사용함으로, 우리를 우울하게 하거나 의기소침하게 하지 않으면서도, 인간의 어쩔 수 없는 한계성, 즉 죽음을 향한 삶의 한계성을 직시하고 있기 때문이다. 내가 첫 번째로 말하려고 하는 한계는 죽을 수밖에 없는 인간의 운명, 그리고 온전한 모든 인간은 실존 속에서 삶을 죽음과 분리시켜 생각할 수 없다는 사실이다. 두 번째로 말하고자 하는 것은, 아마 죽음의 한계보다도 더 근원적일지도 모르는 다른 한계에 관한 것이다. 오히려 죽음은 내가 말하고자하는 이 더욱 중요한 한계를 지시하거나 기억나게 하는 것에 지나지 않을지도 모른다. 이것은 바로 언어의 한계이다. 다른 말로하면, 언어 자체가 그 한계이다. 인간의 생각들, 많은 이론들, 미래에 대한 꿈들, 이 모든 것들은 항상 언어와 이야기의 테두리 안에서 이루어진다. 한계의 신학은 다른 어떤 것보다도, 이야기를 떠나서는 존재할 수 없는 삶, 즉 이런 이야기든 저런 이야기든 간에 아무튼 어떤 이야기 속에서만 존재할 수 있는 인간 실존의 특성에서 드러나는 바로 그 한계를 탐구하려

---

[1] Rilke, *Selected Works: II*, 244.

는 것이다. 철학자 비트겐슈타인의 경구는 이런 신학의 특징을 매우 잘 표현하고 있다: "인간은 언어의 한계를 향해 돌진하고자하는 충동을 갖고 있다... 그러나 이런 경향은, 이런 돌진은, 무엇인가를 가리킨다."2)

게임과 한계

이 장의 중요 주제는 이야기이지만, 여기서는 우선 게임에 대해 말하고자 한다. 왜냐하면 우리는 게임 안에서 한계에 익숙해져있고 또 쉽게 한계에 적응하기 때문이다. 우리는 게임 규칙과 같은 게임의 내적 한계와 우리의 능력이나 숙련도와 같은 게임의 외적 한계를 구별할 줄 안다. 우리가 관심을 기울이고자 하는 것은 외적 한계보다는 내적 한계이다.

어떤 사람이 늦은 밤에 기차 정거장에 앉아 있다. 그가 기다리는 기차가 도착하기로 한 시간은 벌써 지난 지 오래다. 그는 커피를 다 마시고, 빈 종이컵을 바닥 어디에다 놓을지 곰곰이 생각하고 있다. 발 바로 앞은 아니고, 전면의 벽 근처도 아니다. 결국 그는 몇 발자국 앞에 컵을 놓고, 자리로 되돌아와서 동전을 던지기 시작한다. 세 시간 후에 기차가 도착한다. 그는 벌써 동전을 백 번 이상 던졌다. 그 중 딱 한 번 동전이 컵 안으로 들어갔다.

이 장면 중에 한 가지 눈에 띠는 것이 있다. 이것은 우리가 게임을 할 때마다 경험하는 것이다. 우리는 완전하거나 높은 성공의 확률보

---

2) Waismann, "Notes," 12-13.

다, 높은 실패의 가능성, 혹은 불가능한 것에 도전하는 것을 더 좋아한다. 규칙은 우리가 만드는 것이기 때문에, 우리가 원하는 대로 만들어지게 된다. 동전을 던져 컵에 집어넣을 수 있을지 시험해보기 위해서는 우선 적당한 거리를 정해야 한다. 만일 컵이 너무 가까이 있어서 매번 동전이 컵 안으로 들어간다면 우리는 컵을 좀 더 멀리 옮겨놓을 것이다. 그러나 백 번을 시도해도 동전을 집어넣지 못한 경우, 대부분 사람들은 컵을 가까이 옮겨놓기보다는, 게임을 포기하지 않고 계속 시도하게 된다.

두 번째 예로, 완전히 밀폐된 방이 있다고 상상해보자. 이 방에는 창문도 없고, 문도 벽 사이의 틈도 거의 없게 만들어져 있어서, 눈에 잘 띄지 않는다. 페인트로 그어 놓은 줄만이 네 벽면과 천장, 바닥으로 구성된 단조로운 공간에 조금 변화를 줄 뿐이다. 우리가 이런 방 안에 있다면, 우리는 분명 갇혀 있다는 느낌을 받을 것이다. 이 방이 감방이라면 더욱 그런 느낌이 들 것이다. 그렇지만 나는 일주일에 몇 시간 정도를 이와 같은 방에서 지내는데, 이 때 나는 이 갇힌 공간에서 흥분을 느끼고, 상쾌해지며, 기운이 난다. 물론 이 막힌 공간은 감방이 아니고 스쿼시 코트이다. 이와 같이 공간적으로 주어진 한계 속에서 그 한계와 겨루면서 게임을 할 때 나는 좌절보다는 흥분을 느낀다.

조금은 인위적인 구별이 될지 모르겠지만, 게임과 스포츠를 구별해보자. 개인이나 팀이 상대방과 겨루고, 결국 승자와 패자가 나눠지게 되는 경쟁을 "스포츠"라고 정의하자. 개인이나 팀이 규칙에 의해서 정해진 한계에 대하여 도전하는 과정을 "게임"이라고 정의하자. 예를 들어서, 게임이 될 수 도 있고 스포츠가 될 수도 있는 골프에 대해 생각해 보자. 스포츠로서의 골프에는 승자와 패자가 있다. 그러나 게임으로서의 골프에서는 최소한의 타수로 작고 하얀 공을 그린에 있는 작은 구멍에 집어넣어야 한다. 적어도 이론적으로는 그렇다. 그래서 홀인원은 매우 특별한 것으로 여겨진다. 그런데, 만일 어떤 사람이 단 한 번의 실수도 없이 계속 홀인원을 칠 수 있다면 어떤 일이 벌어질까? 골프는 이제 더 이상 게임이 아니고, 그 사람이 골프를 다 망쳐버렸다는 사람들의 불평을 듣게 될지도 모른다. 그 사람은 탁월한 성적으로 계속 프로 골퍼로서 생활할 수 있겠지만, 그 사람의 경기는 게임보다는 서커스에 가깝다고 말할 수 있을 것이다. 사람들은 그를 운동선수로 대하기보다는 별종의 존재로 여길 것이다. 왜 게임에서는 완전한 성공이 허용되지 않는 것일까? 왜 언제나 실패의 가능성 속에서 제한되게 어렵게 성취되는 성공만을 허용하고 예찬하는 것일까? 역설적이게도, 게임에서의 완전한 성공은 완전한 실패가 된다. 왜냐하면, 그것은 더 이상 게임이 될 수 없기 때문이다. 절대적인 승리는 절대적인 패배이다.

이처럼 이상한 인간성의 특징들이 우리 자신에 대해 무엇을 말해주는가? 왜 우리는 게임을 만들고 인위적인 규칙들을 정하여 제한을 자초하고는, 그 한계를 넘어보기 위해 온갖 노력을 하는 것일까? 매번 그 한계를 넘어선다면 게임이 망쳐진다는 것을 알면서 우리는 게임을 한다. 그렇다면 우승하는 순간마다 우리는 패배를 성취하는 것인가? 왜 인간은 게임을 하는가?

이 질문에 대한 나의 답은 이렇다. 게임은 삶과 죽음, 혹은 더 정확하게 표현하자면, 죽음 이후의 삶을 위한 진지한 연습 시간이다. 게임은 한계의 필연성과 죽음의 불가피성을 조심스럽게 경험하는 것이다. 게임은 잘 훈련된 실패를 경험해보는 것이다. 게임은 유한성을 기뻐하는 것이고 제한성을 즐기는 것이다. 우리는 게임이 주는 심각한 도전을 외면하기 위해 스포츠에 대해서만 얘기하고, 주로 승자에게만 관심을 둔다. 모든 것을 따져볼 때 우리는 게임의 상대방을 이길 수는 있지만, 결코 게임을 이길 수는 없기 때문이다. 그러나 여기서 한 가지에 주목하자. 게임은 우리에게 중요한 교훈을 주는데, 그것은 우리가 게임 자체에 의해 주어진 한계를 즐겨야한다는 것이다. 한계를 거부하는 것은 게임을 거부하는 것이다. 야구에서 투수가 볼을 얼마든지 던져도 되는데, 타자에게는 스트라이크 아웃이 없다고 생각해보라.

이와 같은 인간의 기본적인 게임 경험은 인간이 왜 항상 가장자리와 경계, 주변과 한계에 매료되는지에 대해 깊은 성찰을 해볼 수 있는 길을 열어준다.

이야기와 한계

어떤 사람들은 이야기의 한계성을 부인하고, 우리가 이야기 밖의 객관적인 실재에 도달할 수 있는 능력이 있다고 노골적으로 혹은 암시적으로 주장한다. 이들의 입장은 정당한 것인가? 그런 주장을 펴는 세 가지 입장이 있는데, 이들은 서구인의 의식 형성에 절대적인 영향을 끼쳤다. 그렇지만, 나는 우선 이 세 입장은 각각 따로 고려하든, 전체를 같이 고려하든, 더 이상 신뢰할 수 없는 입장이라는 것을 밝혀두려고 한다.

첫 번째 대주장(master claim)은 예술(혹은, 신앙, 상상력)과 과학(혹은 사실, 이성)을 분리하고, 이 두 분야가 각기 다른 언어를 사용하며 다른 특성을 갖고 있다고 가정한다. 이 입장은 두 세계를 완전히 분리하고 난 뒤, 한 세계를 다른 세계의 위에 놓음으로써 두 세계 사이의 상하 위계질서를 확립한다. 오늘날 대부분의 사람들이 과학이 예술보다 상위에 있다고 생각한다.

두 번째 대주장은 바로 진화적 진보(evolutionary progress)에 관한 것인데- 우리가 매일 매일, 모든 분야에서 발전을 이루는 것은 아닐지라도, 최소한 때때로 몇몇 분야에서 발전을 이루고 있다는 주장이다. 이 주장은 단지 가능성이 높고 흥미로운 이야기로 받아들여지는 것이 아니라, 객관적이고 현실적인 사실로 간주되고 있어서, 편견이 없는 사람들에게는 공공연하고 자명한 것으로 여겨진다.

세 번째 대주장은 감각이나 상상, 지적인 판단을 하는 인간 정신과는 독립적으로 독자적인 실재(reality)가 외부(out there)에 존재하며, 인간은 이 외부적 실재에 대해 객관적인 지식이나 훈련된 통제력(disciplined control)을 취하면서 관계를 맺게 된다는 주장이다.

이 세 가지 대주장들은 쉽게 통합되어 예술은 열등하고 알맹이가 없는 것이지만 과학은 외부 실재에 대한 지식과 통제력을 점점 확장시킴으로 인류에게 진보를 가져다준다는 식으로 말해지기도 한다. 나는 더 이상 이런 주장들 중 어느 하나도 받아들일 수 없다는 것을 확실히 한다. 내가 이 이야기들을 진리로 받아들일 수 없다고 선언하는 것에 대해 지금은 간단한 의미를 부여하려고 한다. 과정철학자인 화이트헤드(Whitehead)는 분명하게 다음과 같이 선언하였다. "우리가 실제로 사는 세상에서는 어떤 명제가 참이냐하는 것보다, 그것이 재미있는가 하는 것이 더 중요하다. 진리가 중요한 이유는 그것이 흥미를 증가시키기 때문이다."[3] 아르헨티나의 작가인 호르헤 루이스 보르헤스(Jorge Luis Borges) 또한 『죽음과 나침반』(Death and the Compass)이라는 작품에서 같은 점을 지적한다. 두 탐정이 최근 일어난 살인사건에 대해 토의한다. " '가능한 일이긴 하지만, 흥미롭지는 않아.' 륀로트가 대답했다. '너는 현실이 흥미로울 필요가 전혀 없다고 대답하겠지. 그리고 나

---

3) Whitehead, *Process and Reality*, 303.

는 너에게, 현실은 꼭 흥미로워야 할 필요는 없을지 몰라도 추리는 반드시 흥미로워야 한다고 답하겠지."[4] 적어도 지금으로서는, 내가 이러한 이야기들이 진리가 아니라고 말할 때 나는 그것들이 더 이상 흥미롭지 않다고 이야기하는 것이다. 만일 "흥미롭다"라는 단어의 뜻을 설명하고 내 입장을 변호하라고 강요받는다면, 나는 지금 이 곳에서 (here and now) 초월적인 경험에 대한 가능성을 가장 많이 열어주는 이야기가 가장 흥미롭다고 답하겠다. 위의 세 주장들은 자신의 주장은 본질적으로 이야기가 아니고, 여러 사람들이 상상하는 방식과는 독립해서, 실제로 사실을 있는 그대로 설명하는 것이라고 강조하는데, 이 주장들에 대한 반증을 제시해 보자. 이러한 증거들을 제시하는 과정에서 내가 말하는 이야기의 한계와 한계로서의 이야기에 대해 조금 더 명확하고 확실하게 의미가 전달될 수 있기를 바란다.

예술과 과학

이 섹션에서 나는 다소 어울릴 것 같지 않은 두 파트너인, 철학자 루트비히 비트겐슈타인(Ludwig Wittgenstein)과 소설가 C. P. 스노우(C. P. Snow)를 소개하려고 한다. 나는 예술과 과학, 또 시의 언어와 물리학의 언어를 형이상학적으로 구별할 때 어떤 일이 벌어질지에 관심이 있다. 이러한 구분이 비트겐슈타인의 경우에는 예술을 과학보다 우위에 놓기 위해 사용되었지만, 스노우가 지적했듯이, 일단 이런 구분이 받아들여지면 과학이 예술 위로 쉽게 올라갈 수도 있다. 이와 같은 과학 상위의 위계질서를 피하기 위해서 우리는 이 양자가 어떻게 구분이 되는지 그 내용을 자세히 살펴볼 필요가 있다. 왜냐하면, 오늘날 우리가 어떤 대상들을 정확히 구분할 때 - 예를 들어 남성과 여성, 흑인과

---

4) Borges, "Death and the Compass," 77.

백인의 구분 - 이미 그 구분 속에는 양자 간의 상하관계가 암시되어 있을 수 있기 때문이다.

바다가 보이는 벼랑 끝에 땅을 소유한 한 남자가 있었다. 그는 몇 년에 걸쳐서 그의 집에서 벼랑 끝까지 도로를 냈다. 그 도로의 건설이 끝나자, 그는 바다를 바라보며 전율을 느낄 정도로 벼랑 끝에 가까이 서서 매일 하루에 몇 시간씩을 보냈다. 그의 이웃 사람들은 매우 현실적이고 분별력 있는 사람들이어서 그 남자를 일컬어 도로를 잘 내고 걷는 것을 매우 좋아하는 사람이라고 말했다.

조금 독특한 영국인이었던 철학자 비트겐슈타인은 『논리 철학논고』(Tractatus Logico-Philosophicus)의 맨 처음과 맨 끝 부분에 암호와 같은 경구를 집어넣었다: "말할 수 없는 것에 대해서는 침묵할지어다."5) 이 문장이 처음과 끝에 반복해서 등장하는 것을 보면 의심할 여지없이 이 경구는 그에게 매우 중요한 의미를 가짐을 알 수 있다. 또한, 이 격언의 특징 상, 주석자들이 그의 진의를 잘못 해석한다 해도 우리는 그들을 비난할 수 없다. 그들은 자신 있게 비트겐슈타인이 우리가 예술, 윤리, 신학 등에 대해 침묵해야한다고 말하는 것이라고 해석했다. 왜냐하면, 그런 것들은 존재하지 않기 때문이다: 이런 학문들은 객관적으로 검증되지 않는 대상에 대해 말하는 것이다. 하지만, 주석자들은 비트겐슈타인이 비엔나에서 영국으로 떠나기 전에 있었던 일화를 기억했어야 했다. 비트겐슈타인이 결국 비엔나 학파의 철학자들에게 강연을 하도록 설득당했을 때, 그는 철학 강의를 하기보다는 그들에게 시를 읽어주었다. 폴 엥겔만(Paul Engelmann)은 실증주의자들(positivists)과

---

5) Wittgenstein, *Tractatus Logico-Philosophicus*, Preface and #7.

비트겐슈타인의 차이점을 다음과 같이 서술하였다.

> 비트겐슈타인의 제자 일세대들은 비트겐슈타인을 실증주의자로 여길 수 있었는데, 그것은 그가 다른 실증주의자들과 아주 중요한 공통점을 갖고 있었기 때문이었다. 즉, 그는 말할 수 있는 것과 침묵해야 하는 것을 정확히 구분하였던 것이다. 단 한 가지 차이는 실증주의자들에게는 침묵해야 할 대상이 없었다는 것이다... 실증주의의 핵심적인 주장은 우리가 말할 수 있는 것들이 우리 삶에서 중요한 것들의 총체라는 입장이다. 반면, 비트겐슈타인은 인간이 삶에서 가장 중요한 것들에 대해서 우리는 침묵해야 한다고 확신하고 있었다. 그럼에도 불구하고 그가 중요하지 않은 대상들 [예- 일상 언어의 한계와 범위]의 범위를 제한하기 위해 많은 노력을 기울였을 때, 그가 그토록 꼼꼼하고 정확하게 규명하려고 했던 것은 섬의 해안선(coastline of the island)이 아니라 대양의 경계(the boundary of the ocean)였던 것이다.6)

비트겐슈타인이 과학이라는 육지의 범위에 관심을 두었던 이유는 과학의 범위가 흥미진진한 예술이라는 대양과의 경계에 의해 제한되기 때문이었는데, 이 사실은 당시 그가 교환했던 편지들을 보면 확실해진다. 비트겐슈타인이 새로운 나라에 정착하도록 물심양면으로 도와주었던 버트란드 러셀(Bertrand Russell)에게 보낸 그의 편지를 읽어보면 아이러니컬한 슬픔을 느끼게 된다. 그는 러셀에게 『논리 철학논고』에 대한 그의 열정은 잘못된 것이며 러셀이 그것을 완전히 잘못 이해

---

6) Janik and Toulmin, *Wittgenstein's Vienna*, 191, 220, 191.

하였다고 말한다. 비트겐슈타인은 명확하고 논리적인 과학적 명제의 언어로 설명될(explained) 수 있는 것과, 간접적이고 시적인 방법으로만 보여질(shown) 수 있는 것을 구분한다. (한 예로 윤리학과 같은 중요한 분야를 포함한다.) 이런 입장을 그는 다음과 같이 표현한다: "유감스럽게도 당신은 모든 논리적 명제에 관한 논의들은 단지 추론에 불과하다는 나의 주장의 핵심을 이해하지 못한 것 같습니다. 중요한 요점은, 명제들에 의해서, 즉 언어에 의해서, 설명되어질 수 있는 것들에 대한 이론과, 명제로서는 표현되지 않고, 보여질 수만 있는 것들에 대한 이론의 구분입니다. 이것이 내가 믿기로는 철학에서 가장 중요한 문제입니다."[7] 피커(Ficker)에게 보낸 그의 또 다른 편지에서, 이런 그의 의도가 더욱 분명하게 드러난다.

> 이 책의 핵심은 윤리적인 것이다. 나는 한때 이 책의 서문에 지금은 없는 한 문장을 집어넣으려 했다. 이 문장이 지금 당신의 과제의 열쇠가 될 것이라고 생각하기에 지금 이 곳에 그 문장을 써주려 한다. 내가 쓰고 싶었던 문장은 이것이었다: 나의 연구는 두 부분으로 되어 있다: 첫 부분은 이곳에 소개하는 내용이고, 둘째 부분은 내가 글로 표현하지 않은 부분이다. 여기서 더 중요한 부분은 둘째 부분이다. 내 책은 윤리학의 범위를 안에서부터 규정하는데, 이 방법이 그 범위를 엄밀하게 규정하는 유일한 방법이라고 확신한다.[8]

이 문장이 서문에 포함되어 있었다면 이 책이 무척 다르게 읽혀

---

7) Fann, *Wittgenstein's Conception of Philosophy*, 22.

8) Janik and Toulmin, *Wittgenstein's Vienna*, 192.

졌을지도 모르지만, 독자는 항상 자신들이 보고 싶어하는 것을 보려고 하기 때문에 꼭 그렇지만은 않았을 수도 있다. 왜 그 남자는 벼랑 끝에 서 있는 걸까? 그 벼랑은 땅이 끝나는 곳인가, 아니면 바다가 시작되는 곳인가?

비트겐슈타인은 과학과 논리가 작용할 수 있는 영역인 일상적이고(ordinary) 기술적인(descriptive) 언어 범위의 윤곽을 그려보려고 시도했다. 그와 동시에 그는 윤리, 가치, 궁극적 의미 등의 문제가 신비적 직관에 의해 알려지거나, 시와 예술의 언어를 통하여 간접적으로, 은유적으로 전달되어지는 ("보여지는") 더 큰 영역, 즉 일상 언어의 외곽도 그려보고자 했다. 하지만 설령 그가 예술에서 보여질(shown) 수 있는 것들이 과학에서 말해질(spoken) 수 있는 것보다 훨씬 더 중요하다고 믿었을지라도, 일단 이런 구분이 생기고 나면 예술이 과학보다 위에 있는 것이 아니고, 그 반대라고 주장할 수 있는 여지가 생긴다는 것은 명백해진다.

그리고 이것이 C. P. 스노우(C.P. Snow)가 그의 유명한 책 『두 문화』 (*Two Cultures*)를 출판한 후 몇 년 후에 내린 정확하고도 명백한 결론이다. *Times Literary Supplement*에 기고한 그의 글의 어투와 구분법에서 놀라울 정도의 오만함이 느껴진다. 그의 언어는 매우 편파적이어서 사람을 남자와 남자가 아닌 사람, 인종을 백인과 백인이 아닌 사람, 그리고 종교를 기독교와 비기독교로 나누는 것 같았다. 아래 소개하는 그의 입장을 읽어보면 과학은 항상 긍정적인 장점을 가진 것으로 우선 정의되고, 예술은 그 다음에야 과학의 긍정적인 모든 장점이 결여된 것으로 정의되는 것을 확인할 수 있을 것이다. 그의 주장을 아래에 풀어서 설명하려고 한다. 가능한 한 원래 그의 말 속에 담겨있는 제국주의적인 뉘앙스를 유지해보려고 노력했다.

스노우에 의하면 이해에는 두 가지 종류가 있고 경험의 형태도 두 가지가 있다. 이 두 가지는 실제적이고, 또 이 두 종류 외의 다른 것은 없다. 첫 번째 방식의 이해는 과학인데, 과학은 기존의 구조물 위에 벽돌을 한 장씩 쌓아 더 큰 구조물을 만드는 것처럼, 상응하는 것들을 찾아내는 과정과 같다고 한다. 두 번째 유형의 이해를 설명할 때 그는 "다른 방식"이라는 표현을 쓰면서 이것은 첫 번째 유형의 반대에 불과하다는 식의 뉘앙스를 보인다. 이 두 번째 방식은 인문적 문화(humanist culture)인데, 이 방식에 의하면 우리는 항상 과거로 돌아가, 셰익스피어나 톨스토이와 같은 이의 작품을 읽어야 한다는 것이다. 인문적 문화의 창조자들과 그 창작물들은 보편적인 합의와 공동의 정신에까지는 도달하지 못했고, 그렇게 될 가능성도 없다. 스노우의 주장을 듣고 있자면, 과학적 문화(scientific culture) 앞에서 인문적 문화(humanist culture)는 너무 초라해 보인다. "이렇게 우리는 두 문화 혹은 두 전통 사이에 명백한 구분을 이루어 낸 것 같다. 한 문화는 축적되고, 조합되고, 수집되고, 합의될 수 있는 것이어서 시간이 지나갈수록 진보하도록 되어 있다. 다른 문화는 축적될 수 없고, 조합이 불가능하며, 분리도 안되고, 접합도 안 된다. 이 문화는 과학이 인간 정신에게 준 가장 큰 선물인 통시적 진보(diachronic progress)라는 특징을 본질상 결여하고 있다."[9]

의심할 여지없이 이것이 과학에 대한 가장 대중적인 관점이고, 대부분의 보통 사람들은 이에 대해 이의를 제기하지 않을 것이다. 특히 여기서 과학을 구체적으로 의학으로 좁혀서 생각해본다면 더욱 그럴 것이다. 스노우가 거듭 과학을 먼저 설명하고 다음에 예술을, 과학의 긍정적인 특징을 먼저 소개하고, 그 후에 예술에는 과학의 긍정적인 특징이 결여된 것으로 소개하는 점에 주목할 필요가 있다. 그리고 특

---

9) Snow, in *London Times Literary Supplement*, 9 July 1970.

히, 마지막 문장에서 과학과 진보가 짝을 이룬다는 사실에 주목할 필요가 있다.

예술보다 과학을 우위에 놓는 이러한 스노우의 입장은 분명히 예술을 과학 위에 놓으려는 비트겐슈타인의 의도와는 상반되는 것이다. 하지만 여기에 더 큰 문제가 도사리고 있다. 정말 중요한 것은 상하의 위계구조에서 어느 것이 위로 혹은 아래로 가느냐의 문제가 아니고, 과연 이렇게 구분하는 것 자체가 타당한가 하는 질문이다. 한계의 신학과 이야기의 신학을 통해 물으려고 하는 가장 근본적인 질문은 대상에 대해 직접적으로, 일상적으로, 객관적으로 서술할 수 있는 언어가 (그 언어가 그와는 반대되는 언어보다 위에 있든 아래에 있든 상관없이) 과연 존재하는가 하는 질문이다. 과학적 언어는 객관성을 갖고 있다는 전제에서 출발하는 것은 첫 총성이 울리기도 전에 이미 전투에서 지는 것과 같다. 그런 전투에서 어느 누구도 절대 이길 수 없다. 그러나 이 세상에는 간접적 언어(indirect language)만이 존재할 수도 있다. 이런 경우, 정말 중요한 구분은 과학의 직접적 언어와 시의 간접적 언어 사이의 구분이 아니고, 그것이 과학이든 시든, 아니면 또 다른 어느 것이든, 자신의 한계를 인식하는 언어와 그렇지 못하고 화석화되어 자기만족에 빠진 채 그 안에서 발생하는 심각한 균열도 느끼지 못하는 언어의 구분이다. 예술과 과학은 동시에 나란히 이루어지는 인식의 방식이 아니고, 모든 진정한 인간 지식이 이루어지기 위해 꼭 거쳐야 하는 두 단계 (아마도 예술, 과학의 순서로)일지도 모른다. 나중에 세 번째의 대주장을 살펴 볼 때 이 문제를 다시 다루게 될 것이다.

진화적 진보(Evolutionary Progress)

서구 세계의 두 번째 대주장은 진보에 대한 주장이다. 이 주장은 서구 세계에 굉장히 깊이 스며들어 있어서 별 공통점이 없어 보이는 마르크스의 사회주의부터 샤르뎅(Teilhard de Chardin)의 기독교적 종말론에까지 끼쳤다. 실제로, 마르크스는 신에 대한 신앙을 포기하는 것이 진보에 대한 희망을 포기하는 것보다 훨씬 쉽다고 생각했다. 그러나 진보를 보장하지 못하는 신의 역할은 무엇일까? 이 대주장은 과거에도 있었고 미래에도 계속 될 인류의 진보에 대한 주장이다. 우리에게는 "변화(change)"라는 중립적인 어휘도 있고, "개선(improvement)"이나 "쇠퇴(decline)"라는 어휘들도 있다. 개선과 쇠퇴라는 단어는 변화가 좋게 된 것인지, 나쁘게 된 것인지를 알려준다. 진화(evolution)라는 단어는 백년이 넘는 기간 동안, 중립적인 변화를 뜻하는 단어로 쓰인 것이 아니라 개선의 의미를 내포하는 적극적인 의미로 쓰여 왔다. 이 개선은 너무나 자명한 것으로 받아들여지기에 반대 입장을 견지하려면 일부러 나쁜 마음을 먹고 인류는 점점 쇠퇴하고 있고, 진화란 사실 점진적 퇴보라고 억지 주장을 하는 수밖에 없는 듯 보인다.

위와 같은 진보와 진화적 개선에 대한 주장에 맞서서 나는 진보를 동반하지 않는 변화와, 개선이 동반되지 않은 진화의 증거들을 제시하려고 한다. 하지만 오해하지 않길 바란다. 내가 반박하고 싶은 것은 진화가 아니라 진화가 진보를 포함한다는 주장이다. 한 번 더, 나는 예술과 자연과학을 두 축으로 삼아 토론을 진행하려 한다.

우선 예술에 대한 얘기로 시작하고자 한다. 왜냐하면, 내가 진화적 진보가 전혀 없다고 정확히 느꼈던 영역이 바로 예술과 시, 그리고 건축과 연극분야였기 때문이다. 변화는 분명히 일어났다. 그러나 이것이 꼭 개선이었을까?

현대인이 만 오천 년 전에 그려진 동굴벽화 앞에 서 있을 때 무슨 일이 일어나나? 그 사람이 "흠. 그들이 속해 있었던 진화의 단계를 고려해 볼 때, 그다지 나쁘진 않군." 이라고 생각할까? 우리는 과연 예술에 진보가 있다고 말할 수 있나? 1919년 여름에 시인 엘리엇(T. S. Eliot)은 프랑스 남부에 있는 도르도뉴(Dordogne) 동굴을 방문하여 산화마그네슘과 버팔로의 기름으로 그려진 구석기 시대의 마들렌기(Magdalenian) 예술가의 벽화를 보았다. 몇 년이 지난 후 엘리엇은 이 경험으로부터 두 가지 결론을 내렸는데, 하나는 예술에 관한 것이었고 다른 하나는 인류에 관한 것이었다. 그는 1932년에 쓴 글에서 이 결론을 한 문장으로 표현하였고, 이 문장은 나중에 경구처럼 되어 버렸다: "예술은 진보하지 않는다. 하지만, 예술의 재료는 결코 동일하지 않다."10) 물론 예술이 변한다는 것은 자명한 사실이다. 하지만 "이 변화는 거쳐 온 모든 단계들을 폐기시키지 않는다. 이 변화는 셰익스피어나 호머, 혹은 구석기 마들렌기의 암벽화를 폐품으로 만들지 않는다."11) 이 설명은 분명히 예술을 진화적 진보의 틀로부터 자유롭게 한다. 왜냐하면, "이렇게 개선되고, 세련되어지고, 복잡해지는 것은 예술가의 관점에서 보면 전혀 개선이 아니기 때문이다."12) 같은 해에 발간된 두 번째 글에서 그는 예술에 관한 통찰력을 인간과 거룩에도 폭넓게 적용한다: "우리는 미래에 어디선가 성취될 수 있는 완벽이 오늘 이곳에 있는 우리에 의해서도 성취될 수 있다는 것을 알아야 한다. 즉, 지금까지 이미 창조된 예술보다 더 뛰어난 예술이 앞으로 나타날 수는 없다. 불변하는 것과 변하는 것의 다양한 결합을 표현하는 다른 예술 형식

---

10) Eliot, "Tradition and the Individual Talent," 261.

11) Ibid.

12) Ibid.

이 존재할 뿐이다."13) 하지만 여기에는 우리에게서 만족감과 더불어 실망감도 뺏어가는 중요한 측면이 있다. 만일 샤르트르 대성당(Chartres cathedral)이 과거, 현재, 미래를 통틀어 최고의 예술품이라는 것이 진리라면 우리가 오늘날 샤르트르 대성당 같은 건물을 더 이상 지을 수 없다는 것은 정말 비참한 진리일 것이다. 이런 점에서, 어떤 예술가도 과거의 예술을 누르고 승리하거나 과거의 예술의 위대한 업적을 개량하는 것이 아니다. 그냥 위대함은 위대함으로 남는다. 엘리엇이 "East Coker"라는 시에서 이렇게 썼다.

> 잃었다 찾은 것을
> 또 잃었다가 되찾으려는 싸움만이 있을 뿐이네.
> 지금 이처럼 불길한 형편에선.
> 그러나 아마도 얻는 것도 잃는 것도 없으리.
> 우리에겐 시도하는 것만 있을 뿐.
> 나머지는 우리가 상관한 바 아니리.14)

이 예술의 예는 너무 중요해서 조금 더 자세하게 살펴볼 필요가 있다. 예술의 역사에서는 수 세기가 지나도 진화적 진보나 쇠퇴가 생기지 않는다고 앞서 말했다. 하지만 수 세기동안 예술이 정지해 있거나, 죽은 것처럼 가만있었던 것은 아니다. 그러므로 우리는 진보가 없는 움직임, 개선이 없는 변화가 있다는 것을 확인했다. 이는 어떤 한 시점의 예술에 대해 좋다, 나쁘다, 더 좋다, 더 나쁘다 등의 판단을 해서는 안 된다는 말이 아니다. 만일 우리가 수 세기 예술의 역사를 그

---

13) Eliot, "A Commentary," 78.

14) Eliot, *Four Quartets*, 31.

래프로 만들어 본다면 그 그래프는 사람의 심전도 그래프와 비슷하게 나타날 것이라는 것이 내 추측이다. 그 그래프는 계속 상승하는 선을 보여주지도 않고, 스스로 닫혀버린 폐곡선을 보여주지도 않을 것이다. 여기서 중요한 질문은, 이 그래프가 예술 뿐 아니라 인간의 다른 모든 활동을 이해하는 패러다임이 될 수 있지 않겠느냐 하는 것이다.

C. P. 스노우는 예술이 과학보다 열등하다고 주장하기 위해 예술에는 진보가 없고, 과학에는 명백하게 진보가 있다는 점을 강조했다. 하지만 대중적인 선전가인 스노우를 정면으로 반박하면서, 과학사학자들과 과학철학자들은 과학과 거의 동의어로 받아들여지고 있는 진보라는 개념에 대해 매우 치명적인 비판을 한다.

『과학 혁명의 구조』(The Structure of Scientific Revolution)라는 멋진 책에서 토마스 쿤(Thomas S. Kuhn)은 과학의 영역에 적용되는 지속적이고 누적적인 진보의 이론을 반박하는데, 그 중요한 논거는 누적적 진보를 조정하는 마스터 패러다임(master paradigm)이라는 개념의 도입이다.[15] 어떤 포괄적 이론이나 패러다임 내에서 지속적 진보가 확실하게 발견될 수도 있다. 그런데, 그 포괄적 이론을 다른 이론들과 비교하려면 어디에 서서 비교를 해야 하는가? 또 아무도 생각하지 못했던 마스터 패러다임이나 지금은 생각을 했어도 너무 늦어버린 패러다임에 대하여는 어떻게 할 것인가? 한 예를 들자면, 1975년도에 우리 모두는 값이 싸고 무한한 석유자원에 기반을 둔 삶의 방식이 최선이고, 그것이 우리를 진보로 인도할 것이라는 믿음을 포기하게 되었다.

한 마스터 패러다임이 붕괴하고 다른 패러다임이 그 자리를 차지할 때, 나중 패러다임은 예전 패러다임이나 모델의 잔해에서 논리적으로 추론된 패러다임이 아니다. 이 모든 것을 너무 잘 알고 있었던

---

15) Kuhn, *The Structure of Scientific Revolution*, 126.

사람들이 바로 과학혁명을 창조했던 과학자들이다. 커크(Russel Kirk)는 시인 성 요한 퍼스(St.-John Perse)가 아인슈타인에게 시에서 직감이 얼마나 중요한지 설명했을 때 아인슈타인이 매우 기뻐한 것을 기록하고 있는데, 이는 매우 중요한 사례이다. 아인슈타인은 "그것은 과학자에게도 똑 같이 적용됩니다. 발견을 가능케 하는 것은 논리도 지식도 아닙니다. 그것은 갑작스런 깨달음입니다. 그 후에, 지성이 그 직관을 분석하고 경험이 그것을 확증하거나 거부하게 됩니다. 그러나 처음에는 상상력에 의한 큰 도약으로 시작합니다."라고 말했다.16)

이것을 보니 과학에서 마스터 패러다임이 창조되는 순간은 시인이 환상적인 영감을 얻는 순간과 비슷하다. 아마도 엘리엇이 예술에 대해 남긴 말을 과학에 적용해도 그 뜻이 살아날 것 같다: "과학은 진보하지 않는다. 하지만, 과학의 재료는 결코 동일하지 않다."

프랑스 인류학자 레비스트로스(Claude Levi-Strauss)는 "신석기시대의 패러독스"에 관한 논문에서 이 점을 지적하는 것 같다. "인간이 문명의 위대한 기술 (시, 직조, 농업, 목축)을 완벽하게 습득하게 된 것은 바로 신석기 시대였다. 오늘날 누구도 이와 같은 엄청난 진보가 우연한 발견들의 축적이나 자연 현상을 수동적으로 바라보다가 갑자기 얻게 된 깨달음 때문에 이룩된 것이라고 믿지 않는다."17) 우리가 만년이 더 된 과거에 이루어진 위대한 발견들의 목록을 보고 있노라면, "인간은, 신석기시대에 속하든 역사시대 초기에 속하든, 오랜 과학적 전통의 유산을 물려받고 있다"18)는 것을 깨닫게 된다. 이 모든 것이 우연히 생긴 것은 아니다. 누군가 가설을 만들어 보았고, 실험을 해 보았

---

16) Kirk, *Eliot and His Age*, 142.

17) Levi-Stauss, *The Savage Mind*, 13-14.

18) Ibid., 15

고, 결론에 도달해 본 것이다.

하지만 우리가 신석기 시대의 과학도 그 이름에 걸맞은 과학이라고 친다면, 신석기 시대의 과학과 현대 과학의 차이를 어떻게 설명할 수 있을까? 레비스트로스는 명확히 다른 두 가지의 과학적 사고방식이 존재한다고 말한다. 그러나 "이 두 방식은 인간 정신의 발전 과정에서 생겨난 단계들이 아니고, 과학적 탐구의 대상인 자연에 접근하는 방식에 대해서 취하는 전략적 차이에 기인한다: 첫 번째 방식이 지각력과 상상력을 활용한다면, 두 번째 방식은 그것을 제거하려고 한다."라고 그는 주장한다.19) 레비스트로스의 이와 같은 구분은 이제 정설로 받아들여지고 있다. 신석기시대 과학자는 손재주꾼(handy-man)과 같다. 그는 그가 갖고 있는 재료를 활용해 무엇이든 수리할 수 있다. 현대 과학자는 문제가 있으면 이론적으로 분석하고, 해결방안을 생각해 낸 후 필요한 재료를 적절한 공급상에게 주문한다. 이 공급상은 자연물을 가공하여 필요한 재료를 만들어 보낸다. 최종적으로 분석해볼 때, 이 둘의 차이는 한 사람은 머릿속으로 계산을 하고, 다른 사람은 손가락을 이용해 계산한다는 차이일 것이다. 우리 시대의 과학은 과학 자체로서 신석기시대의 과학보다 우수하다고 할 수 없다. 단지 조금 다를 뿐이다. 만일 여전히 현대 과학이 신석기시대의 과학과 다를 뿐 아니라 그보다 더 우수하다고 주장하는 사람이 있다면, 현대 과학은 아직도 치러야 할 비용이 남아있다는 사실을 기억해야 한다. 신석기시대 과학이 지구를 파괴하거나 우리가 살 수 없게 환경을 훼손시키지 않은 것을 우리는 잘 안다. 그러니, 신석기 시대의 과학과 현대 과학은 다만 다를 뿐이지 우열이 있는 것이 아님을 인정하자. 그리고 우리도 신석기 시대 사람처럼 인류와 지구의 안녕을 손상시키지 않으

---

19) Ibid.

면서 창조적이 되기를 기대해보자.

진화적 진보가 서구가 갖고 있었던 오만한 착각에 불과하다면, 우리의 삶은 의미가 없고, 똑같은 일이 지루하게 반복되는 것인가? 바닷가에 나가 바다를 바라보아라. 따분한 느낌인가? 정말로 지루해지는가? 거기에 진보하지 않지만 영원히 움직이는 것이 있다.

에즈라 파운드(Ezra Pound)의 시 81편(Canto 81)에서 두 단락을 인용하려고 한다. 첫 번째 단락은 우리가 지금 진보의 절정에 서 있다는 날조된 주장에 대해 다시 생각해보게 만든다.

개미도 그의 용궁 같은 세계에선 반인반마라네.
그대의 허영심을 허물라,
용기를 만들고, 질서를 만들고, 은총을 만든 것은
인간이 아니라네.
그대의 허영심을 허물라, 허물라고 나는 말하네.20)

두 번째 단락은 우리를 앞서간 모든 것보다 우리가 우월하다는 주장을 포기하는 것이 인간성의 고귀함을 감소시키지 않는다고 우리를 안심시킨다.

그러나 아무 것도 하지 않은 것 대신 행해온 것
이것은 허영심이 아니다.
정중하게 노크를 해서
블란트와 같은 사람이 문을 열게 한 것,
대기로부터 살아있는 전설을 혹은

---

20) Pound, *The Cantos of Ezra Pound*, 521-22.

멋지게 늙은 눈으로 불멸의 불꽃을 모아온 것,
이것은 허영심이 아니네.
이 점에서 실수는 해보지 않은 모든 것에 있네,
모두 주저한 망설임에 있네.21)

옛 사람들이 훌륭하게 했던 것만큼 잘 하는 것, 그것으로 충분하다. 더 이상 바랄 것이 없을 정도로 충분하다. 그러나 그렇게 하기 위해서는 우리가 많은 노력을 기울여야 할 것이다.

외부의 실재(External Reality)

우리가 당면하고 있는 문제는 너무 명료해서, 마치 눈에서 너무 가까이 있는 대상을 보는 것처럼 식별하기 힘들다. 예를 들어 내가 붉은색 선글라스를 끼고 있다면 세상이 온통 붉게 보일 것이다. 선글라스를 벗으면 세상이 실제로는 총천연색이라는 것을 확인할 수 있다. 내가 선글라스를 벗지 않더라도 선글라스를 끼지 않은 다른 사람들이 나에게 세상은 온갖 색깔로 이루어져 있다는 것을 말해줄 수 있다. 그런데 한번 세상 모든 사람들의 눈에 붉은색 콘택트렌즈가 부착되어 있고, 아무도 그 사실을 모르고 있다고 가정해보자. 그렇다면 모든 사람들이 세상은 붉은색으로 이루어져 있다고 동의할까? 그렇지 않을 것이다. 그들은 "붉은"이라는 말을 사용하지 않을 것이다. 그들은 세상을 원래 모습 그대로 보고 있다고 말할 것이다. 물론 어떤 사람이 어느 날 나타나서 "우리 모두가 붉은색 콘택트렌즈를 끼고 있는 것이 아닐까요?"라고 의문을 제기하지 않는 한. 내가 말하고자 하는 취지는 이것이다: 우리는 (혹은 우리 사회, 가정, 교회는) 먼저 이론을 제시하

---

21) Pound, *The Cantos of Ezra Pound*, 521-22.

고 사실이 그 이론에 부합하는지를 판단하는가 아니면 사실을 먼저 보고 그 사실을 설명하기 위해 이론을 제안하는가? 이론과 사실 중 어느 것이 먼저인가?

토마스 쿤의 글은 우리 모두가 직면한 이런 양면성(ambivalence)을 멋있게 묘사하고 있기에 인용해본다.

> 감각적 경험이 고정적이고 중립적인 것일까? 이론은 주어진 자료에 대한 단순히 인위적인 해석일까? 지난 삼백 년 동안 서양 철학을 이끌어 오다시피 한 인식론적 관점에 의하면 그 답은 망설임 없고 명백한 '그렇다!'이다. 충분히 발전된 대안이 없으므로 나는 그 관점을 전적으로 포기하는 것은 불가능하다고 생각한다. 그러나 그 관점은 더 이상 효과적으로 기능하지 않으며, 중립적 관찰 언어를 도입함으로써 기능하게 만들려는 노력은 이제 내게는 절망적으로 보인다.[22]

쿤에 의하면 우리들은 위의 질문에 대해 다음과 같이 대답하도록 훈련받았다: 데이터와 사실들은 바깥에 있고, 우리는 그것들을 객관적이고 중립적으로 관찰해야 하며, 그것들을 공평하고 편견 없이 설명하기 위한 이론을 수립해야한다.

영국 과학 철학자 포퍼(Karl Popper)는 이러한 양면성을 넘어서는데, 그는 이론이 관찰에 선행한다고 단호하게 주장한다. 그렇지만 그 주장이 결코 쉽지 않음을 토로한다. "과학이 관찰에서 시작하여 이론으로 정립된다는 믿음이 너무나 광범위하고 굳게 확립되어 있기 때문에 내가 그것을 부정할 때 종종 불신을 받곤 한다. 하지만 사실상, 이론적

---

22) Kuhn, *The Structure of Scientific Revolutions*, 126.

인 측면을 완전히 배제한 채 순수한 관찰로부터 과학적 탐구가 시작될 수 있다는 믿음은 터무니없는 것이다."23)

메리 헤세(Mary Hesse)라는 또 다른 과학철학자도 비슷한 주장을 했는데, 무엇보다도 이 모든 과정에서 사회의 역할에 관심을 기울인다. "많은 경험주의 철학자들이 가지고 있었던 생각과는 달리, '관찰과 묘사'(observation-description)는 사건들 자체를 보고 언어적으로 그대로 기술하는 것이 아니라, 벌써 사건에 대한 해석이며, 이 해석은 같은 언어를 사용하는 집단이 공유하는 가정의 틀(framework of assumptions)의 영향을 받는다."24) 우리는 이론이 사실에 의해 증명되었다는 식의 표현을 자주 듣는다. 물론 그런 말들은 매우 설득력을 가진다. 왜냐하면 이론은 우리에게 어떤 것은 사실이고 어떤 것은 아닌지를 제시하기 때문이다. 우리가 다른 이론을 상상해 보고 그 경우에 사실들이 얼마나 다를 것인지를 생각해 볼 때가 되서야 비로소 우리의 이론의 문제점을 발견하게 된다.

이 모든 논의들을 볼 때 스노우의 "두 가지 방식의 지식"과 예술에 대한 자연과학의 우월성 주장은 그 기반을 잃게 된다. 그 대신 우리는 과학자들의 패러다임과 예술가나 시인의 상상력 간의 밀접한 관계를 볼 수 있게 된다. 우리는 또한, 주어진 패러다임 내에서 진보가 있을 수 있고, 또 패러다임의 교체가 있을 수 있지만, 패러다임 자체의 진보나 개선은 있을 수 없다는 것을 깨닫게 된다. 하지만 우리는 여기에서 "두 가지 방식의 지식" 이론보다 우리를 더욱 불안하게 하는 이론 - 비록 위계적으로 정렬되어 있긴 하지만-이 출현함을 볼 수 있다. 시인들에게나 과학자들에게나 똑같이, 실재는 우리가 점점 더 정확하게

---

23) Popper, *Conjectures and Refutations*, 46.

24) Hesse, *Models and Analogies in Science*, 15.

파악할 수 있는, 객관적으로 "저 밖에" 존재하는 무엇은 아니다.

마지막 예로, 비평가인 브룩-로즈(Christine Brooke-Rose)의 글을 인용하겠다.

> 사실은 인간에 의해 이해된 것으로서만 사실이다. 이러한 사실은, 마치 아인슈타인의 가설이 하이젠베르크(Heisenberg)에 의해서 어느 정도 수정되었듯이, 오랫동안 유효했던 효과적인 가설(예, 뉴턴의 가설)이 새로운 방정식이나 새 작업가설에 의해 그 유효성을 상실했을 때 (예, 아인슈타인의 가설) 심각하게 바뀔 수 있다. 관찰 대상이 그 대상을 관찰하는 도구에 의해서 변화할 수 있다는 원리는 구식의 기계론적인 관점보다 예술에 더 가깝다.[25]

이 시점에서 이상주의나 현실주의 이상의 그 어떤 것이 작용하는 것 같다. 상대주의(relativism)라고 명명해도 좋겠지만 이 용어는 이미 배처받고 있는 용어다. 너무 말장난한다는 비난을 하지 않는다면, 나는 이 새로운 이론을 "관계주의"(relationism)라고 부르고 싶다. 실재는 이곳에, 우리 마음에 있는 것도 아니고, 저곳에, 세상에 있는 것도 아니다. 실재는 마음과 세계의 언어 내적 상호작용이다. 실재는 상관적이고 관계적이다. 더 간단히 말하면, 실재는 언어다. 우리 앞에 있지만 언어화 되지 않은 것은 우리가 알 수 없는 것이다. 이는 마치 태어나지 않았더라면 어떻게 느꼈을 것 같냐는 질문에 대한 답과 같다. 성서는 우리에게 개미에게 가서 그 하는 것을 보고 배우라고 권한다. 썩 내키지 않은 권고인지도 모르겠다. 아마 이 권고는 좀 더 그럴듯할 것이다: 거미에게 가서 그 숙명을 관찰하고, 거미가 자신 안에서 거미줄을 자

---

25) Brooke-Rose, *A ZBD of Ezra Pound*, 123.

아내어 거미집을 짓고 그 안에 살면서 그것을 자신의 세계라고 부르는 것을 곰곰이 생각해보라. 이 모든 것은 우리가 언어를 매우 신중하게 다뤄야 하며 시인들을 아주 조심스럽게 대우해야 한다는 뜻이다.

플라톤이 일찍이 지적했듯이, 시인들은 무서운 존재들이다. 이 세상에 결백한(innocent) 시라는 것은 없다. 그리고 가장 위험한 것은 우리가 국가 정책이나 정치적 목표에 대해 의문을 제기하게 만드는 것이 아니라 인식 자체에 대해 의문을 제기하는 만드는 것이다. 시는 항상 무시무시할 정도로 단순해 보인다. 시인이 장미를 노래한다. 하지만, 우리는 시인이 있는 그대로의 장미에 대해 말하고 있지 않고, 시인과 장미의 관계, 또 장미가 시인에게 기지는 의미에 대해 이야기하는 것이라고 말한다. 그리고 우리는 재빨리 그럴듯하게 시가 일상 언어와 다른 점은 일상 언어는 실재를 있는 그대로 묘사하지만 시는 우리가 대상에 대해, 그리고 대상이 우리에 대해 갖는 관계를 묘사하기 때문이라고 토를 단다. 물론, 지금까지의 논의를 무시한다면 그렇게 생각할 수도 있겠다.

만일 언어만이 존재한다면, 그리고 사람으로 산다는 것은 언어 안에 살면서, 그 과정을 실재라고 명명하는 것이라면? 그렇다면 우리는 다음의 세 명의 미국 시인이 요란스럽지 않게 제시하는 주장을 새롭게 이해할 수 있을 것이다.

프로스트(Robert Frost)는 그의 글 "항구적인 상징"(The Constant Symbol)에서, 시는 단순히 은유(metaphor)로 이루어진다는 입장을 옹호한다. "만약 우리가 친구들의 부드러운 비판을 감내할 의도가 있다면 철학이나 과학도 은유로 이루어진다고 말할 수 있다."[26] 예술적 혹은 과학적 혁명이 일단 일어나고 난 후 우리가 예전을 회고해 본 다면, 우리

---

26) Frost, *Critical Essays*, 128.

는 그 모든 진보가 논리적이고 또 필연적이었다고 생각한다. 이것은 우리가 현재의 관점에서 과거를, 새것의 관점에서 옛것을 보기 때문에 일어나는 필연적인 현상이다. 아인슈타인이 뉴튼을 넘어서는 통찰력을 우리에게 제시했지만, 우리가 모르고, 앞으로도 결코 알 수 없는 것은, 아인슈타인과는 다른 어떤 통찰력이 베들레헴에서 태어날 수 있었을까 하는 것이다. 두 번째 예는 노드롭 프라이(Northrop Frye)가 월레스 스티븐스(Wallace Stevens)의 이론과 실천을 한 문장으로 요약한 것이다: "스티븐스에 의하면 은유의 동기는 인간의 정신과 밖의 세계를 연결하는 관계를 찾아내고, 이 둘을 일치시키려는 욕망이다. 왜냐하면 바울이 말한 것처럼 우리가 부분적으로 알지만, 그 아는 부분에 우리 스스로가 속해있음을 느낄 때 진정한 기쁨을 경험하기 때문이다."[27] 바울의 말을 조금 더 인용해본다면, 우리는 거울로 희미하게 본다고 한탄하지 않고, 거울이 가진 어두움의 미를 기뻐한다. 검은 색은 아름답다. 마지막으로, 25년 전 시인 윌리암스 까를로스 윌리암스(William Carlos Williams)는 그의 "시에 대한 접근"이라는 글에서, 마음 밖에 존재하는 실재를 믿는 이야기 속에서 안주하고 싶은지 아니면 혹독한 도전을 할 준비가 되었는지를 리트머스 시험지처럼 판단해볼 수 있는 주제를 우리에게 제시했다. 우리는 다음의 문장을 받아들일 수 있는가? "예술가가 우리 각자가 갖고 있는 고유한 최상의 형상을 감지하기까지 우리는 우리를 알 수 없다. 사실, 그 순간이 될 때까지 우리는 존재하지 않은 것과 같다."[28]

---

27) Frye, *The Educated Imagination*, 33.

28) Williams, "An Approach to the Poem," 60.

한계와 초월(Limit and Transcendence)

지금까지 검토했던 이 세 가지 주장에 대하여 내가 가장 중요하게 비판하는 것은 그들이 그들 스스로를 상상력에 의해 전개되는 여러 가능한 이야기 중의 하나가 아니라 실재에 대한 객관적이고 중립적인 묘사라고 여긴다는 점이다. 나는 그들을 이야기로서 이해하는데, 그 때 나의 불만은 이들이 너무나도 지루하고, 재미없는 이야기가 되어 버렸고, 다른 도전적이고 새로운 이야기와 충돌을 일으킨다는 점이다. 그들이 갖고 있는 문제는 현대 미술이 등장할 때 고전미술이 갖고 있었던 문제와 유사한 것이다. 따라서 나는 다음과 같이 제안하고 싶다: 과학과 예술, 혹은 시적 직관과 과학적 성취는 동시에 따로 따로 일어나는 앎의 방식이 아니라, 모든 인간의 지식에 적용되는 연속적이고 연결된 두 계기다; 점진적인 진화에 의한 변화가 일어나기는 하지만 총체적인 진화적 진보는 없다; "실재" 는 우리의 언어와 이야기 안에서 언어와 이야기를 통해 창조되는 세계이므로 우리의 상상력과 언어를 배제한 "저곳 바깥"(out there)은 우리에게 알려지지 않는다. 마치 평소에 우리 손가락의 지문이 인식되지 않는 것처럼. 다른 말로 다시 묻자면, "저곳 바깥"을 상정하는 것이 가능한 것은 우리가 어떤 이야기에 속해 있기 때문인데, 그런 이야기를 고려하지 않는 실재는 마치 오늘 태어나지 않았다는 것에 대해 어떤 느낌이냐고 묻는 것과 유사하다. 나는 우리가 실재에 대해 알 수 없다고 주장하는 것이 아니다. 내가 주장하는 것은 다만 우리가 아는 것이 실재라는 것, 우리가 더불어 살고 상호 관계를 맺는 그 세계가 실재라는 것이다.

나 자신을 이런 저런 이야기 속에 완전히 가둬 놓았지만 나는 내가 갇혀 있다거나 제한을 받는다고 생각하지 않는다. 왜냐하면, 먼저 게임의 예에서 말한 것처럼 나는 이러한 한계를 즐기기 때문이다.

이상의 논의들은 한 가지 문제에 봉착한다. 만일 한 가지 이야기만 있다면, 신이나 초월적 경험의 대상은 나의 이야기 속에 있거나, 나의 이야기 밖에 있게 된다. 만일 신이 나의 이야기 속에 있다면, 유대-기독교적 전통에서 볼 때 신은 내가 만든 우상이 된다. 만약 신이 나의 이야기 밖에 있다면, 내가 지금까지 "저곳 바깥"에 있는 것은 우리가 알 수 없다고 한 것과 상치된다. 따라서 우리가 이야기 속에서만 살 수 있다면 모든 초월적 경험의 가능성은 배제되는 것 같다. 이 상황에서 나는 나 자신의 상상력의 산물을 예배하거나 나 자신의 정신을 경배하는 것에 대해 강한 반감을 갖고 있음을 밝혀둔다.

등대지기의 죽음

옛날 옛적에 바다 위 뗏목에서 사는 사람들이 있었다. 그 뗏목은 사람들이 떠나 왔던 육지의 재료들로 구성되어 있었다. 이 육지에는 등대지기가 지키고 있는 등대가 있었는데, 그 뗏목이 어디에 있든, 뗏목에 사는 사람들조차 자신이 어디에 있는지 모를 때에도, 등대지기는 항상 그들의 위치를 알고 있었다. 심지어는 이 등대지기와 뗏목 위 사람들 간의 교신이 있어, 만일 절체절명의 위급한 상황이 온다고 해도 그들은 안전하게 육지로 상륙할 수 있었다.

조금 투박한 형식의 이야기일지 모르겠지만 이 이야기는 수세기 동안 정통적인 서구인들이 의지하며 살아왔던 삶의 기반이 되는 이야기이다. 다시 말하지만, 이것은 매우 흥미롭고 또 좋은 이야기이다. 아마 이 이야기 속의 어떤 사람은 등대지기를 신이라고 불렀을지도 모른다. 혹은 그렇게 하는 것이 조금 당황스럽다면 뗏목과 바람과 조류 등을 완전히 신뢰하지는 않았을 것이다. 왜냐하면, 이 이야기에서 등대지기는 답을 갖고 있고, 그의 지식은 진리이기 때문이다. 그런데 어느 날 이 고전적 생각을 뒤엎는 소문이 들렸다. 그것은 등대지기가 죽어서, 등대가 무너지고 등대의 빛이 영원히 사라졌다는 소문이 아니었다. 그 소문은, 아예 애초부터 땅이 없었다는 것이었다. 땅이 없으면 어떻게 등대와 등대지기가 있을 수 있었겠는가? 이 소문을 가장 설득력 있게 표현한 사람은 시인이자 철학자였던 니체(Nietzsche)였다. 니체의 광인은 놀란 마을 사람들에게 인류가 신을 죽였다라고 말했다. 이 선포자는, 그의 광기에도 불구하고 그의 선언이 가져다주는 현기증 나는 공포에 대해서 아주 잘 알고 있었다.

> 우리는 모두 그의 살인자이다. 하지만 우리는 어떻게 그를 죽였을까? 어떻게 바다를 말라버리게 한 것일까? 누가 모든 수평선을 없애 버리도록 우리에게 스펀지를 준 것일까? 태양에다 지구를 묶은 쇠사슬을 잘라 낼 때, 우리는 무엇을 했는가? 지구는 어디로 움직이고 있는 가? 우리는 어디로 움직이고 있는가? 모든 태양과 반대쪽으로? 우리는 계속해서 추락하고 있지 않은가? 뒤로, 옆으로, 앞으로, 모든 방향으로? 위쪽이나, 밑쪽은 아예 없는 걸까? 우리는 끝이 없는 허무 속에서 길을 잃은 것은 아닐까?29)

이것은 한 종류의 소문이다. 그러나 나는 비슷하게 오래 전에 쓰여진 다른 종류의 소문에 더 호감이 간다. 그 이유는 상당히 개인적인 것인데, 에밀리 디킨슨(Emily Dickinson)의 글은 니체에게서는 느낄 수 없

---

29) Nietzsche, *The Portable Nietzsche*, 95.

었던 전율을 느끼게 한다. 그녀의 글이다.

> 찾기, 그것이 첫 번째 막(幕)
> 두 번째는, 상실
> 세 번째는, "금 양털"을 찾아
> 떠나는 탐험
>
> 네 번째는, 발견이란 없고
> 다섯 번째는, 선원이 없고,
> 마지막으로, 금 양털은 없다.
> 제이슨 - 가짜 - 역시30)

위 시의 가짜(sham)라는 단어는, 바깥 세계 어딘가에 부동의 점이 있다고 믿는 고전적 견해에 대해 문을 꽈당 닫아버리는(slam) 듯한 소리를 연상시킨다. 죽어 없어진 것은 바로 언어 밖에 존재한다고 믿어져온 부동의 점이었는데, 많은 사람들에게 그것이 신의 죽음으로 여겨졌다. 왜냐하면 그들은 이 양자를 동일시하고 있었기 때문이다. 어떤 사람이 저 밖에 있는, 우리와는 독립해 있고 떨어져 있는 고정된 실재를 믿는다면, 그 사람은 신이 그 모든 것에 대한 지식을 갖고 있을 거라고 쉽게 상상할 수 있다. 그 상상은 저 밖에 실제로 존재하는 것은 신의 지식에 속해있고, 우리는 점점 그것에 대한 지식을 확장해 나갈 수 있으며, 설령 우리의 지식이 잘못되었다 할지라도 신은 정확한 답을 알고 있을 것이라는 생각으로 연결될 것이다. 어쩌면 신이 우리 쪽에 존재한다고 생각할 때 우리는 진보에 대해 더 확실한 믿음을

---

30) Dickinson, *The Poems of Emily Dickinson*, 2:647-48, #870.

가질 수 있을지도 모른다. 이 경우 우리는 신이 보는 실재를 볼 수 있기 때문이다. 그러나 실재가 언어 밖에 있지 않고 우리의 언어 안에 있다면, 그런 신을 누가 필요로 하겠는가? 우리와 독립된 불변의 실재에 대한 신뢰가 손상되면서 주로 그런 실재를 보장해주는 역할을 하던 신에 대한 믿음도 도전을 받게 된 것이다.

초월의 소생(The Renewal of Transcendence)

고전적 사고방식에서 현대적 사고방식으로의 전환(이것은 변화이지 진보가 아니다)은 부동의 중심이 주는 안정을 상실하는 것과 신의 죽음을 받아들이는 것을 필연적으로 수반한다. 고전적 사고방식에서 현대적 사고방식으로의 전환을 아직도 받아들이지 못하거나 거부하는 사람들은 해야 할 일이 있다. 엘리엇은 등대지기의 장례식에서 집으로 급히 돌아와 "재수요일"(Ash Wednesday)이라는 시를 통해 우리를 도전한다:

되찾아라.
시간을 되찾아라.
보다 높은 꿈 속에서 아직 읽혀지지 않은 환영을 되찾아라.
보석 아롱진 외뿔소들이 금박입힌 상여를 끌고 갈 때.31)

이제 먼저 살펴보았던 이야기를 다시 써보자.

등대지기란 없다. 등대도 없다. 메마른 땅도 없다. 오직 자신들의 상상력으로 만들어진 뗏목 위에 살고 있는 사람들만이 존재한다.

---

31) Eliot, *The Complete Poems*, 64.

그리고 바다가 있다.

(에밀리, 제이슨이 없어졌어도 그것은 아직 거기에 있었답니다.) 전에 등대지기의 목소리로부터 초월을 경험하였듯이 바다의 부름에서부터 초월을 경험하는 것이 왜 가능하지 않을까?

잠깐. 만약 뗏목들만 있고 그 뗏목들이 정말 언어 자체라면, 뗏목 밖에 있는 바다는 무엇인가? 언어의 밖이 있는가? 어쩌면 바다도 역시 없는 것일까? 만약 언어만이 존재한다면, 신은 언어 안쪽에 존재하든지- 이 경우 내가 위에서 말했듯이 우상일 것이지만- 혹은 언어 바깥에 존재한다 - 이 경우 바깥세상에는 침묵밖에는 존재하지 않는다. 오직 한 가지 가능성만 남아 있는데, 그것은 뗏목이 움직일 때, 뗏목 구조물이 부서질 때, 그리고 무엇보다도 뗏목 자체의 가장자리에서 우리가 경험할 수 있는 것이다. 우리가 바다에 대해서 실제로 이야기 할 수 없기 때문에, 우리는 단지 뗏목의 가장자리에 대해서 그리고 그곳에서 일어나는 일에 대해서만 이야기 할 수 있다. 우리의 기도는 "신이여, 이 가장자리가 있어서 감사합니다."가 아니고 "가장자리여, 신이 있어서 감사합니다."가 되어야 할 것이다.

프랑스의 철학자 리쾨르(Paul Ricoeur)가 언어 안에는 신비가 없지만 언어의 신비만이 체감된다고 했을 때 아마도 이와 비슷한 생각을 했을 것이다.32) 뗏목 자체에는 신비가 없지만, 갈릴레오가 말했듯 뗏목은 여전히 계속 움직이고 있다. 이 대목에서, 우리는 왜 미국인 철학자 반 류렌(Paul Van Buren)이 『언어의 가장자리』(*The Edges of Language*)라는 제목으로 종교철학서를 썼는지 이해할 수 있다. 요약하면, 고전적 사고는 "그것은 이야기에 불과하다"고 말하지만, 현대적 사고에서는

---

32) Ricoeur, "The Problem of the Double-Sense," 79.

"이야기만이 존재한다"라고 말한다.

마지막 유비이다. 적어도 나에게 있어서 보트를 모는 가장 흥미있는 주법은 돛을 활짝 펴고 맞바람을 맞으면서 주행하는 것인데, 바람을 향해서 질주하는 것이다. 이 때 절대적인 한계가 있다. 누구도 바람을 이기고 끝까지 똑바로 질주할 수는 없다. 이것처럼 어느 누구도 언어와 이야기 바깥으로 나갈 수는 없다. 하지만 바람을 계속 시험하면서 항해사는 최선을 다해 갈 수 있는데 까지 배를 몰수 있다. 그 때 보트는 기울어지기도 하고, 돛 줄이 팽팽해지는 것을 보면서 보트를 모는 사람은 -적어도 나만큼은- 보트를 타는 최대의 묘미를 느낄 수 있다. 내 재인은, 초월적인 경힘의 묘미는 인어의 가장자리와 이야기의 한계에서만 느껴질 수 있고, 그렇기에 그 묘미를 찾는 유일한 방법은 그 경계와 한계를 시험해보는 것이라는 점이다. 그리고 그것이, 앞으로 우리가 살펴볼 비유의 본질인 것이다.

2장

이야기의 길

　나는 앞장에서 물고기가 바다에 사는 것처럼 우리는 이야기 속에 산다는 주장을 했다. 나의 이런 입장도 나를 비롯한 여러 사람들이 그 안에 살아야 하는 하나의 이야기에 불과하다는 사실을 나는 인정한다. 나는 다른 종류의 거대 이야기들(master stories)도 있다는 것을 알고 있고, 그 이야기 속에 사는 사람들도 잘 지내고 그들에게 발전이 있기를 기원힐 뿐이다. 나의 이야기기 다른 이야기와 다르지만 지금 나에게 꼭 필요한 것이고, 그 이상 다른 주장을 할 필요는 없을 거라고 생각된다. 이것으로 충분하리라.
　우리 모두는 우리가 그 안에 살아야 하는 거대 이야기가 필요하다는 주장을 하고 나서 그 다음에 필요한 단계는 이야기의 다양한 길들을 살펴보고, 이런 상황에서 우리가 신을 어떻게 경험하는지를 살펴보는 일이다.
　이 장에서 나는 이야기의 다양한 길을 소개하려고 한다. 그러나 초점은 신화(myth)와 비유(parable)에 맞출 것이다. 이야기의 한계로서 이 용어들을 사용하면서, 앞으로 명확히 밝혀지겠지만, 나는 이 용어들을 특별하게 정의하려고 한다. 이야기의 테두리를 규정해보려는 이 시도는 노드롭 프라이(Northrop Frye)의 다음의 경고를 심각하게 고려하는 가운데 진행될 것이다. "시인의 역할은 주로 구술적인(oral) 것으로, 인간이 만들어내는 사회의 관심사를 정의하고 예시하는 것이다. 그러나 이 사실은 일반적으로 알려져 있지 않다. 이것이 실현되지 않고 있는 이유 중 하나는 아직도 시적 언어를 수사적인 것이나 논리적으로 열등한 것으로 생각하기 때문이다. 신화적 언어의 원리들은 아직 많이 알려지지 않았다."[1]

화해로서의 신화(Myth as Reconciliation)

신화에 대한 설명을 우선 두 가지 부정문으로 시작해보자: "신화"는 보통 사람들이 흔히 사용하는 용법처럼, 복잡하게 꾸며진 거짓말을 의미하지 않는다. 또한 신과 여신이 등장한다고 모두 신화가 되는 것은 아니다. 우리는 레비스트로스의 도움을 받아 논의를 진행하려고 하는데, 그의 탁월한 구조주의적 신화분석은 신화의 의미를 앞의 두 정의보다 훨씬 정교하게 규정해준다.

신화의 구조(The Structure of Myth)

1973년 아카데미상 시상식에서 말론 브란도(Marlon Brando)는 남우주연상 수장자로 선정되었었다. 그런데 그는 오스카상을 받는 것을 거절했고, 그를 대신하여 북미 원주민 여배우가 나타나 그가 수상을 거절하는 이유는 할리우드 서부영화에서 북미 원주민을 열등하게 그리고 있는 것에 항의하기 위해서라고 설명했다. 그는 어떤 특별한 영화에 대해 저항한 것이 아니고 "카우보이와 인디안" 영화에 필수적인

---

[1] Frye, "The Critical Path," 297.

요소로 반복적으로 등장하는 패턴에 대해 저항한 것이다. 그것은 대부분의 어린이들이 연극의 역할을 맡을 때 "나는 인디안 역할은 하기 싫어"라고 본능적으로 말하는 데서 볼 수 있듯이 모두가 아는 패턴이다. 이 저항은 북미 원주민에 관한 영화의 묘사 전반에 깊이 각인된 "경멸의 구조"(structure of contempt)를 겨냥한 것이었다.

이 예는 레비스트로스가 수많은 신화를 연구하여 찾아낸 것을 이해하는 데 도움이 된다. 그는 이야기가 아무리 흥미로워도 이야기의 표면에 관심을 두지 않고, 그 역할이 아무리 훌륭하다 할지라도, 인물이나 역할에 주목하지 않는다. 그는 가장 깊은 차원에 있는 구조를 관찰한다. 표층의 다양한 사건들 때문에 주의를 놓치지 않고 심층 구조에 도달하기 위해서 레비스트로스는 신화의 여러 단위 간의 관계(relations), 혹은 관계의 다발(bundles of relations)에 집중한다. 예를 들어 어떤 사람이 오스카상을 거부하는 것을 비판하면서, 할리우드의 "인디안" 영화에는 그런 경멸의 구조의 쇼비니즘이 없다고 주장했다고 가정해보자. 우리는 그 비판에 대해 많은 "인디안" 영화 속에는 자신의 부족을 배신까지 하면서 사랑을 위해 백인 주인공을 돕는 "인디안" 여인이 등장하는데, 대체로 이 여인은 영웅과 같은 희생적 죽음을 맞게 되고 따라서 혼혈결혼의 공포가 배제된다고 대답할 수 있다. 그러나 백인 남성쇼비니즘의 패턴이 존재한다고 주장하기 위해서는 특별한 영화의 한 경우를 갖고 얘기할 수는 없고, 모든 영화에 나타나는 관계의 다발을 갖고 얘기를 해야 한다. 쇼비니즘은 한 영화에 나오는 한 "인디안" 여인과 한 백인 남자의 관계를 분석하는 것으로는 드러나지 않는다. 수많은 영화에서 나온 관계의 다발, 혹은 관계의 집합을 분석해야지만 정확도를 갖고 입증을 할 수 있다. 레비스트로스는 신화 속의 관계 다발의 구조를 찾으려고 한다. 한 사례에서는 한 가지 사실만

확인된다: "인디안" 여인이 백인을 살리기 위해서 죽는다. 여러 사례에서 구조(혹은 이데올로기)를 찾을 수 있다: "인디안" 여인은 혼혈결혼으로부터 사회를 지키기 위해 죽어야만 한다. 이런 점 때문에 그는 1995년에 발표한 "신화의 구조적 연구"(The Structural Study of Myth)라는 독창적인 논문에서 이렇게 결론지었다. "신화에서 그리고 문학 일반에서 왜 그렇게 자주 똑같은 장면의 이중적, 삼중적, 사중적 반복이 등장하는가? 우리의 가설을 받아들인다면 답은 자명하다. 반복은 신화의 구조를 명백하게 하는 기능을 한다."[2]

레비스트로스는 한 종류의 신화에만 관심을 갖는 것이 아니다. 물론 그가 집중적으로 연구하고 사례를 드는 분야가 있기는 하지만, 그는 신화 자체의 구조 그리고 아마도 인간 정신의 구조에 관심이 있었다. 그렇다면 신화를 신화답게 하는 구조는 무엇인가?

영국 인류학자 에드먼드 리치(Edmund Leach)는 레비스트로스의 입장을 매우 간결하게 요약했다: "수많은 변수에도 불구하고 신화의 이러한 측면은 변하지 않는다. 모든 신화적 구조에서 우리는 이분법적 차별이 반복적으로 나타나는 것을 보게 된다: 인간/초인, 유한성/영원성, 남/녀, 합법/불법, 선/악 등. 그런데 이 차별 뒤에는 이 둘 사이의 중재(mediation)가 이루어진다."[3] 다른 말로 하면, 신화적 이야기 속에는 화해할 수 없이 대립되는 (이분법적 대립) 양자가 있는데 이것이 허구적인 대리자에 의해 대표되게 되고, 이 허구적 대표자가 원래 양자가 이룰 수 없었던 화해나 중재를 이룬다. 그리고 이 대립되는 양자는 매우 뿌리깊은 것이고 근본적인 것이다.

---

[2] 이 논문은 나중에 다음의 책에 수록되었다. Levei-Strauss, *Structural Anthropology*, 226.

[3] Leach, *Genesis as Myth and Other Essays*, 11.

신화의 기능(The Function of Myth)

미국 인류학자 엘리 마란다(Elli Köngäs Maranda)와 피에르 마란다(Pierre Maranda)는 레비스트로스의 신화 분석의 공식을 다른 종류의 민간전승에 적용해보았는데, 그 결과는 이 장에서 우리가 탐구하려는 주제와 연관하여 아주 중요한 점을 시사하고 있다. 그들은 레비스트로스가 만든 "신화는 대립되는 둘 사이를 매개하는 것이다"라는 기본 공식을 받아들였다. 그들이 이 공식을 여러 종류의 민간전승에 적용한 결과를 근거로 그들은 여러 모델들을 나무구조 모양으로 배열한 도표로 만들었다. 이 도표는 스토리텔러의 의사결정 표로도 활용될 수 있을 것이다. (그림1)[4] 이 표 안의 모델은 각 단계에 있는 이분법적 대립에 대해 어떤 선택을 하느냐에 따라 한 단계 씩 앞으로 나간다. 만일 한 단계에서 부정적 선택 (위쪽)을 하면, 이야기의 진행은 거기서 끝난다. 만일 긍정적 선택 (아래 쪽)을 했다면 다음 단계로 넘어가게 된다. 예를 들어보자: (1) 엄청난 무기를 비축하고 있지만 평화를 추구하는 국가에 대립(contrast, 혹은 모순)이 발생한다. (2) 비슷한 군사력을 갖고 있는 다른 나라가 공격할 가능성이 있다고 강조하여 공포심을 조성해 중재하려고 시도한다. (3) 그 나라 국민들이 그 이야기를 받아들여서 중재에 성공하고, 다른 나라는 긴장하여 호전적이 된다. (4) 군수산업은 국내적 상황과 국외의 제국주의적 야욕 때문에 이득을 취한다.

이 도표에서 이득(gain)이라는 용어가 등장한 것에 우리는 주의를 기울이려고 한다. 신화나 민담 전승에서 자신과 가족을 찢어지게 가난한 환경에서 구하기 위해 길을 나선 영웅을 생각해보자. 이 영웅이 중산층들이 사는 교외에서 편안하게 사는 것으로 이야기가 마무리되

---

[4] Maranda and Maranda, "Structural Models in Folklore," 26.

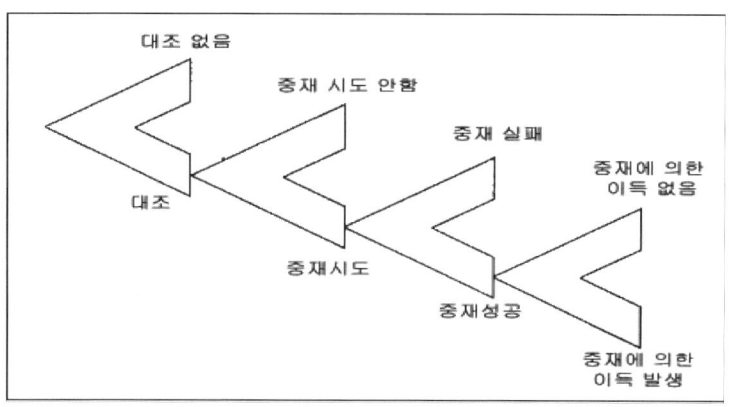

그림 1

지 않고, 이 영웅이 왕의 딸과 결혼하는 것으로 이야기가 전개된다. 그는 왕위를 물려받게 되고 그의 가족은 궁정으로 들어온다. 이것은 중재(누더기에서 좋은 옷으로)라기보다는 이득(누더기에서 부자로)이라고 생각한다. 마란다스가 지적하듯 이런 종류의 이야기는 유럽의 민간전승과정이나 다른 지역의 낙관적이고 성공적이며 풍요로운 사회에서 많이 나타난다. 이런 이야기에서 비천한 영웅은 가난한 삶의 자리에서 일어나 "자본주의적" 성공을 거둬, 부와 높은 사회적 지위를 주는 자리에 도달하게 된다. 이런 점에서 유럽의 내세관은 에스키모 민간전승에서 보다 훨씬 탐욕적이다. 에스키모 민간전승에서는 생활을 하기 위한 적절한 재산만 있으면 그것만으로도 충분히 행복해질 수 있다.[5]

그러나 이득의 문제는 훨씬 더 근본적인 것으로 여겨지며, 단순히 사회적인 차원을 넘어서 인간 경험의 형이상학적, 존재론적 차원에까지 영향을 미치게 된다. 신화를 이와 같이 유리한 고지에서 살펴볼 때,

---

[5] Maranda and Maranda, "Structural Models in Folklore," 136.

신화의 중재와 화해의 모든 과정은 결국 큰 이득을 가져다준다는 것을 발견하게 된다. 중재가 성공하느냐 실패하느냐, 혹은 이득을 가져다주느냐 못하느냐에 상관없이 우리는 중재가 가능하다는 확신을 신화 안에서, 신화에 의해서, 신화를 통해서 갖게 된다. 이것이 바로 신화의 핵심이다. 그리고 이것이 신화가 이룩하는 심오하고 존재론적인 이득이다. 이것이 신화의 가장 기본적인 기능이다. 신화가 하는 것은 화해할 수 없는 양자 사이를 이야기를 통해서 중재하려는 것 뿐 아니라 그런 시도 안에서, 그런 시도에 의해, 그런 시도를 통해 화해의 가능성을 확실하게 하는 것이다. 신화의 이런 기능을 피에르 마린다만큼 잘 정리한 사람은 없다고 생각한다. 그는 신화적 언어의 어려움과 시학을 설명하면서 이렇게 정리했다:

> 신화는 역동적인 불균형의 표현이다. 이 불균형은 상호 조화되지 않으므로 서로 방해가 되는 사실들 간에 적절한 유사성(homomorphism)을 만들어 내기 위한 (알려진) 무력함이다. 신화는 사건이 구조보다 더 영향력이 있다는 것을 마지못해 인정하는 것의 표현이다. 그러나 신화는 무엇보다도 환각적 노래이다. 이 노래 속에서 인류는 역사의 온갖 변덕들을 조화시킨다. 이 노래는 수세대를 거쳐 사람들의 마음속에서 불려 졌고, 노래 자체가 인간의 마음(계속 출현하는 무질서를 하나의 패턴으로 통일하려고 하는 본성적인 꿈)이다. 플라톤, 융(Jung), 그리고 좀 더 확실하게는 촘스키(Chomsky), 레비스트라스 등이 이 점을 우리에게 알려준다.[6]

해결의 가능성을 믿는 것이 실제로 해결책을 찾은 것보다 중요하

---

6) Pierre Maranda, *Mythologies*, 213.

다. 신화의 이득과 장점은, 즉 신화의 기본적 기능은 가능성을 확립하는 것 자체에 있다.

모순으로서의 비유(Parable as Contradiction)

신화에 대한 논의와 마란다가 레비스트로스의 신화적 공식을 다른 민간전승에 확장하여 적용한 것을 살펴보는 과정에서 우리는 우리가 계속해서 이분법적인, 혹은 대립되는 양자 간의 관계를 중심으로 사고하고 있다는 것을 깨닫게 된다. 인간의 정신이 항상 이분법적으로 사고해야하는지 아니면 오랜 시간에 걸쳐 그런 성향을 가지게 된 것인지에 대한 문제는 여기서는 접어두기로 하자. 우리가 이분법적 대립관계로 사고를 한다면 한 가지 중요한 질문이 생긴다. 신화에 대립되는 다른 종류의 이야기가 있지 않을까? 신화는 화해 불가능한 양자 사이에 화해를 창조하는데, 화해로운 관계에 있던 양자 사이에 불화를 만들어내는 그런 이야기가 있을까? 그림1로 다시 돌아가 보면, 첫 번째 단계의 선택의 가지에서 그림2가 보여주는 것처럼, 가지를 하나 더 쳐야하지 않을까? 이 책의 기본적인 주장은 비유는 신화에 상대되는, 반대되는, 대립되는 이야기라는 것이다. 비유는 평화가 아니고 검을 가져다준다. 비유는 이 땅에 불을 지른다.

이 도표에다 나는 그림2의 대조 없음(No Contrast)의 가지에 새로운 가지를 추가했다. 이 가지도 상호 대립되는 선택이다: "대조 안 만들어짐(contrast not created)/ 대조 만들어짐(contrast created)." 스토리텔러가 앞의 선택을 취하면 이야기는 거기서 멈춘다. 두 번째 선택을 취하면 그 결과 비유가 만들어진다. 그러나 비유로 남기 위해서는 거기서 정지해야 한다. 스토리텔러가 새로 만들어진 대조를 중재하기 시작하면

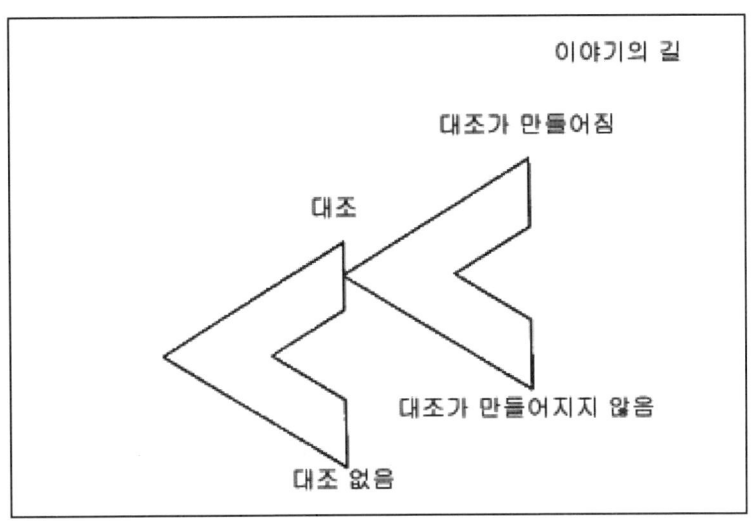

그림 2

그 이야기는 이 도표의 반대 쪽으로 방향을 돌려서 신화의 자리로 가게 된다.

나는 비유를 이야기의 가능성 속에서 이렇게 이해함으로써 비유의 전통을 수립해보고, 또 예수의 이야기들이 그 전통 안에 속하게 될지 살펴보려고 한다. 비유 안에서 우리는 물론 이야기 밖으로 나가는 것은 아니다. 이야기 밖은 인간 밖이기 때문이다. 그렇지만 비유 안에서 우리는 이야기가 자신의 필연성과 상대성을 인식하는 것을 본다. 비유는 신화의 경계선, 가장자리를 우리에게 보여준다. 우리가 앞에서 언급했던 예를 상기해본다면, 비유는 우리를 뗏목의 가장자리로 가게 한다. 문학 비평가 커모드(Frank Kermode)가 다음의 문장에서 지적한 것은 바로 이와 같이 이야기 속에서 일어나는 양자 간의 대립이다: "신화는 안정의 대행자이고, 허구는 변화의 대행자이다."7) 비유는 허구이지 신화가 아니다; 비유는 안심을 시키는 게 아니고 변화를 시키려고 한다.

비유는 항상 기를 죽이는 경험이다. 우리는 대체로 비유를 쉽게 인식한다, 왜냐하면 비유를 듣고 나서 즉각 나오는 반응은 자기 모순적이기 때문이다: "나는 네가 그 이야기를 통해 무슨 말을 하려고 하는지 모르겠어, 그러나 내가 그 이야기를 좋아하지 않는다는 것은 확실해." 인간으로서 초월적 경험에 열린 상태로 살기 위해서는 기꺼이 비유화되려는(willingness to be parabled) 의지가 있어야 한다. 혹은 오든(W. H. Auden)의 "잠시 동안"(For the Time Being)이라는 시에 귀 기울여야 한다.

> 그러므로, 주목하지 말고 보라, 귀 기울이지 말고 들어라, 묻지 말고 호흡하라:
> 필연적인 것은 순전히 우연히 생기는 일처럼 보일 것이다.
> 실제적인 것은 정말로 부조리하게 느껴질 것이다:
> 지금 꿈을 꾸고 있다는 것을 확신하지 못한다면,
> 그대는 그대 자신의 꿈을 꾸고 있다.
> "분명 무엇인가 잘못되었어"라고 고함치지 않는다면, 분명 그대가 잘못 된 것이다.8)

신화에는 이중적인 기능이 있다: 우선 개별적인 모순을 화해시키고, 더 중요하게는 화해가 영원히 가능하다는 믿음을 만들어 낸다. 비유도 신화와 대립되는 두 가지 기능이 있다. 비유의 표면적 기능은 주어진 만족스러운 상황에서 모순을 만들어 내는 것이다. 그러나 비유

---

7) Kermode, *The Sense of an Ending*, 39.

8) Auden, in *Collected Longer Poems*, 138.

의 더 심각한 기능은 비유는 화해가 가능하다는 근본 원리가 바로 우리가 지어낸 것이라는 것을 알게 함으로써 그것을 무너뜨리려 한다는 것이다. 화해(reconciliation)는 더 이상 불화(irreconciliation)보다 근본적인 원리가 아니다. 우리가 맘에 드는 집을 지었다면, 신화는 우리를 안심시킨다. 그러나 비유는 집이 지진대 위에 있다고 속삭인다.

지금까지의 논의를 통해 갑자기 우리가 초월적 경험의 깊은 차원에 대한 모든 것을 이해하게 되리라고 생각지는 않는다. 비유에 관한 논의 중에 내게 더 중요한 것은 베일(L.M.Vail)이 하이데거의 철학을 묘사하면서 쓴 글에 잘 나타나 있다: "본래적인 비은폐성의 전개 속에서 우리는 이 세계 안에 우리가 알 수 없고 모순되는 것들이 존재할 수 있다는 것을 시인해야 한다. 왜냐하면 우리는 실제적이라고 간주되는 것들을 맹목적으로 측정하고 평가하면서 사는 것이 아니라, 우리 자신의 정신적 능력 -예를 들어 이성, 의지, 감각 등-에 대해 끊임없이 의문을 제기하며 살기 때문이다."9)

신화와 비유 사이(Between Myth and Parable)

나는 지금까지 신화와 비유가 서로 대립되는 양극적인 이야기라고 주장하고 이 양극성의 철학적 의미를 살펴보았다. 이 책의 나머지 부분은 거의 비유에 대한 내용이 될 것이지만 이 두 가지의 이야기 사이에 어떤 다른 종류의 이야기들이 있는지 간단하게라도 살펴볼 필요가 있다. 이를 위해서 나는 색스(Sheldon Sacks)의 책 『허구와 믿음의 형태』(*Fiction and the Shape of Belief*)라는 책에 나온 분석을 활용하려고 한다.

색스는 그의 목적과 주장을 다음과 같이 요약한다: "소설가의 도

---

9) Vail, *Heidegger and Ontological Difference*, 64.

덕적 신념, 입장, 편견 등과 그의 작품 간의 관계를 연구하기 위해 나는 산문적 허구의 성격을 띠는 대부분의 중요한 작품은 다음의 상호 배타적인 세 가지 유형 중 하나에 속한다는 이론을 제시했었다: 풍자(satire), 교훈적 우화(apologue), 행동(action)."10) 색스는 이 세 유형을 18세기 산문 작가들, 특히 헨리 필딩(Henry Fielding)의 작품을 비판적으로 분석하는데 활용했다. 첫째로, 풍자란 무엇인가? "풍자는 허구적 이야기가 만들어 낸 세계의 외부에 있는 대상을 비웃는 작품이다." 풍자의 대상은 "특별한 사람이나 인간이 만든 제도, 모든 인간 속에 있는 특성, 혹은 이 모든 것의 조합이 될 수 있다." 둘째로, 교훈적 우화는 무엇인가? "교훈적 우화는 정형화할 수 있는 주장이나 여러 주장들의 집합에 공통적으로 담겨있는 진리를 허구적인 사례를 통해 작품으로 구성한 것이다. 이 두 유형의 작품들에 공통적으로 나타나는 중요한 원리가 있는데, 그것은 이야기의 각 부분들이 조롱을 하거나(풍자의 경우) 진리를 설득하는(교훈적 우화의 경우) 목적에 기여한다는 것이다." 셋째로, 재현된 행동이란 무엇인가? "행동은 독자가 관심을 갖게 되는 인물의 관계들이 불안정하게 출발해서 더 악화되고 복잡한 관계로 치닫다가 마침내 제시된 불안정이 제거됨으로 해결을 찾는 이야기를 전달하기 위해 구성된 작품이다."11) 대부분의 소설들은 바로 행동 유형으로 분류된다.

색스가 제시한 산문 작품의 이 세 가지 유형은 그림3과 같이 신화와 비유를 포함한 유형으로 통합될 수 있다. 이렇게 할 때 우리는 모든 종류의 이야기를 통합된 유형 안에서 이해할 수 있으며, 각 유형 간의 차이는 각 이야기가 세계와 어떤 관계를 가지냐에 따라 가장 확

---

10) Sacks, *Fiction and the Shape of Belief*, 7.

11) Ibid., 24-25.

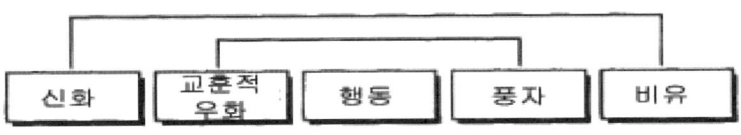

그림 3

실하게 드러나게 된다. 다른 종류의 이야기가 생기게 된 이유, 다른 길을 가는 이야기가 생기게 된 이유는 바로 이야기와 세계와의 관계의 차이에 있다. 그러나 여기서 말하는 세계는 이야기가 묘사하거나 모방하려고 하는 이야기 밖의 세계가 아니다. 그것은 이야기 안의 세계, 즉 이야기가 창조하고 규정하는 세계이다.

이 다섯 가지 유형은 다음과 같이 요약될 수 있다: 신화는 세계를 설립한다. 교훈적 우화는 세계를 수호한다. 행동은 세계를 탐구한다. 풍자는 세계를 공격한다. 비유는 세계를 전복한다. 비유는 신화 안에서 신화에 의해서 창조된 세계만을 전복할 수 있다는 것을 명확히 하고 싶다. 신화가 접촉할 수 있는 다른 세계는 없다. 비유가 없이 신화 안에서 사는 것은 가능하지만, 비유 안에서만 살 수는 없다. 비유 안에 산다는 것은 신화와 비유의 긴장 속에서 산다는 말이다. 따라서, 우리가 한 신화에서 (예를 들어 자본주의) 다른 신화로 (예를 들어 공산주의) 전향할 수는 있고, 모든 신화는 그에 대립하는 반신화(antimyth)를 가질 수 있다. 그러나 비유는 반신화가 아니고, 반신화와는 조심스럽게 구별되어야 한다. 비유는 신화의 한계를 폭로하고, 세계를 산산이 부수어 신화의 상대성을 드러내기 위해, 의도적으로 계산된 이야기이다. 비유는 신화를 다른 신화로 교체하려고 하지도 않는다. 풍자처럼,

비유는 한계를 일깨우므로 항상 우리를 겸허하게 한다. 비유는 사실 이야기의 어두운 밤이다. 그리고 바로 그 안에서 그것을 통해 비유는 우리가 초월의 경험을 할 수 있는 준비를 시켜준다. 엘리엇의 시 "The Dray Salvages"의 내용을 빌어서 설명하자면 비유는,

기록된 역사의 확신 너머로 뒤돌아보는 것,
어깨 너머로, 그리고 원초적 공포를 향하여
뒤돌아 반 쯤 보는 것.12)

이야기의 다섯 가지 유형의 특징을 가장 잘 드러내는 방법은 시카고 트리뷴(Chicago Tribune) 신문에 나오는 연재만화 중에서 각 유형의 특징을 드러내는 것을 찾아보는 것이다. 신화의 특징은 "Rick O'Shay"라는 연재만화에서 잘 드러난다. 이 만화는 덕망있는 총잡이를 등장시켜 유서 깊은 서부극의 신화를 계승시킨다. 이 총잡이는 가장 순수한 마음을 갖고 있어서 총솜씨가 가장 빠르다. 교훈적 우화의 특징은 "Dick Tracy"에서 두드러진다. 이 만화에서 "법과 질서"는 가장 중요한 규범인데, "그래, 필연적으로 범죄자의 마음이 먼저 무너지지. 그리고 악의적 판단 때문에 그는 스스로 자신의 종말을 준비하게 되지"와 같은 불후의 명언들에 의해 그 규범이 지켜진다. 보통 이 만화가 주는 중요한 교훈(메시지)이 무엇인지 쉽게 알게 되는데, 그 때마다 대개 만화의 주인공 트레이시(Tracy)가 독자를 향해 그 교훈을 말해주기 때문이다. 행동의 유형은 "Brenda Starr"의 모험에서 찾을 수 있다. 우리는 브랜다(Branda)에 대해 관심을 가질 수밖에 없다. 이 만화 속에는 불안정한 관계성이 두드러진다: 끝날 줄 모르고 전개되는 사건들 속에

---

12) Eliot, *Four Quarters*, 39.

서 그녀의 남자친구는 오직 흑란수액(black orchid serum)에 의존하여 정글에서 생존하고자 몸부림치고 있다. ("공항에서 집으로 돌아온 브랜다는 침대에 엎어져 침대를 적실 정도로 눈물을 흘린다.") 풍자는 "Doonesbury"에서 아주 효과적으로 표현된다. 만화의 인물 리처드슨 부인(Mr. Richardson)이 남편에게 "엘리엇, 이제는 직장을 알아봐야 할 때가 되지 않았나요?"라고 물어보는 장면이 좋은 예이다. 비유는 최근에 등장한 "Basil"에서 잘 드러난다. 이 만화는 기발한 발상과 환상적 발상 사이를 자주 오간다. 그렇지만 우리가 당연하게 여기고 예측하는 방식말고 다른 방식으로 생각하는 게 무슨 잘못인가라는 질문을 던짐으로, 이 만화는 종종 아주 강한 비유적 요소를 드러낸다.13)

그림 4는 다섯 가지 유형의 이야기를, 세계와의 관계, 그리고 연관되는 연재만화와 함께 도표화 한 것이다.

이야기의 유형	세계와의 관계	관련되는 만화
신화	세계를 설립	Rick O'Shay
교훈적 우화	세계를 수호	Dick Tracy
행동	세계를 탐구	Branda Starr
풍자	세계를 공격	Doonesbury
비유	세계를 정복	Basil

그림 4

---

13) 이 연재만화의 사례는 내가 이 부분을 쓸 때 읽은 시카고 트리뷴의 연재만화에서 취한 것이다. "Basil"은 연재가 시작되자마자 곧 중단되었다. 이 만화가 계속 연재되기는 힘들었을 거라고 나름대로 판단하면서 신문사에 전화를 해서 그 이유를 물었더니, 신문사에서는 이 만화가 독자들의 취향에 맞지 않아서 중단했다고 말했다. 그리고 거듭되는 질문에 독자들의 불평이 많아서 중단하게 되었다고 마침내 실토했다.

이 책은 비유에 대한 책인데, 비유의 특성을 그 반대쪽 끝에 있는 신화와의 관계를 통해 설명해 보았다. 이 다섯 가지 유형론의 중요성에 대해서는 나중에 다시 확인할 것이다. 나는 이 책의 마지막 장에서 예수의 이야기는 지금까지 우리가 정의한 의미로서의 비유이고, 전통적으로 해석되어 온 것처럼 역사적 알레고리나 도덕적 예화가 아니라는 것을 밝히려고 한다. 전통적으로 이해된 비유는 신의 행위를 변호하고 인간의 마땅한 바를 규정해주는 교훈적 우화에 속한다. 이것은 우리의 도표에서 보는 것처럼 비유와는 매우 떨어져 있다. 이렇게 이해된 비유는 원래의 특성을 뒤로 한 채 반대 쪽 끝에 있는 신화를 향하여 한 걸음 씩 다가가고 있는 것이다. 이런 변화는 조나단 스위프트(Jonathan Swift)의 소설 『걸리버 여행기』가 풍자가 아니고 어린이를 위한 행동 유형의 이야기로 읽혀지는 것보다 더 심각한 변화이다.

3장

비유의 전통

나는 앞에서 논리적으로 볼 때 신화에 대비되는 반대 쪽 끝에 비유가 필연적으로 존재한다고 주장했다. 신화는 제안하고(propose) 비유는 처분한다(dispose). 이 장에서는 비유는 실제로 존재하며, 또한 오래되고 풍성한 전통을 지니고 있다는 점을 설명하려 한다.

구조와 발전(Structure and Development)

비유의 오랜 전통을 단 몇 페이지로 모두 설명한다는 것은 불가능하므로, 비유를 문학의 한 장르로 놓고 그 발전의 두 단계만, 즉, 가장 초창기의 비유와 가장 최근의 비유들을 살펴보려 한다. 이를 통해 우리는 비유의 형태의 진화에 대해 이해하게 될 것이고, 이것이 비유의 전통에 대한 소개의 역할을 할 것이다. 첫 단계에서는 히브리 성서의 두 책을, 마지막 단계에서는 현대 소설가 두 명의 작품을 예로 들 것이다.

이 접근방법의 어려운 점이라면 앞으로 인용될 다양한 작품들, 즉 구약성서의 룻기와 요나서 그리고 현대 소설가 카프카(Kafka)와 보르헤스(Borges)의 작품들을 비교할 때, 그 기초가 될 공통된 기반을 찾아내야 한다는 것을 들 수 있을 것이다. 앞 장에서처럼 여기서도 구조적 분석이 문제 해결의 주된 방법이 될 것이다.

프랑스의 구조주의 비평가 그레마스(Algirdas Julien Greimas)는 많은 민간 설화들이 그림5에 정리된 것과 같은 기본구조를 가진다는 점에 주목했다.[1]

그림 5

이 구조는 대부분의 전형적인 탐정소설에서 찾아볼 수 있다. 예를 들어 증여자(Giver)는 보험에든 분실물을 회수하고자 개인탐정을 고용하는 보험회사이다. 객체(Object)는 그 분실물이며, 수령자(Receiver)는 그 보험을 든 분실물의 소유자이다. 주체(Subject)는 물론 사설 탐정이며, 상대자(Opponent)는 누구든 그 물건을 훔쳐간 사람이 될 것이다. 조력자(Helper)는 왓슨 같은 친구가 될 것이다. 이것을 (표6)처럼 정리할 수 있다. 수령자와 도둑을 같은 사람으로 만들어 보는 등, 이 도표를 다양하게 변형시키면서 여러 가지 상황을 폭넓게 실험해 볼 수 있다.

또 다른 구조주의 문학비평가 롤랑 바르트(Roland Barthes)는 그레마스가 제시한 도해적 구조 속에 실제로 세 개의 독립된 축이 있다는 점을 지적했다: 의사소통의 축으로 증여자-객체-수령자 라인(GOR), 의지, 탐색, 추구로서의 주체-객체 라인(SO), 실험, 시험, 시련의 축인 조력자-

---

[1] Greimas, *Sémantique structurale*, 180.

주체-객체 라인(HSOp)이 그것이다.2) 이는 방금 전 언급한 탐정소설처럼 세 개의 축과 여섯 개의 요소가 다 등장하는 경우도 있지만, 하나 혹은 두개의 축만으로 이루어진 이야기도 가능하다는 것을 의미한다. 예를 들어 GOR의 의사소통 라인이나 SO의 탐색 라인이나, 아니면 그 중 하나와 HSOp의 실험 라인이 결합된 경우와 같은 방식으로 여러 이야기가 가능하다. 둘째로 롤랑 바르트가 주장하기를, 많은 경우에 줄거리의 긴장감은 두 사람 간의 대결을 통해 이루어진다고 한다. 이는 그레마스의 여섯 행위자가 다 등장하지 않고 두 주체가 한 객체(예를 들어 삼각 애정관계)를 갖고 벌이는 대결, 두 증여자 간의 대결, 혹은 두 수령자 간의 대결 등도 가능하다는 얘기다.

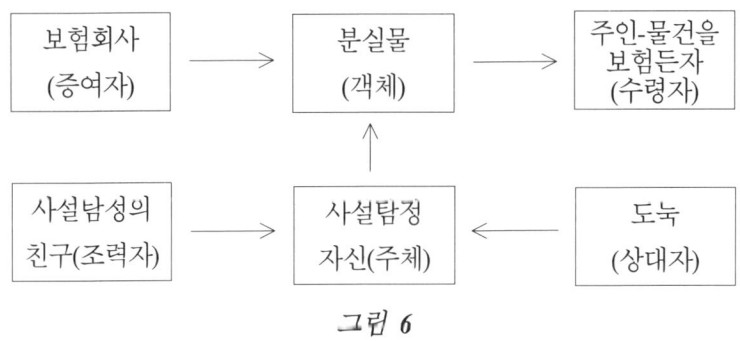

그림 6

롤랑 바르트의 이 두 제안을 이용하여 나는 우리가 살펴볼 비유의 두 발전 단계에서 발견할 수 있는 구조적 패턴을 찾아내려고 한다. 그 중 의사소통의 축(GOR) 상 "인물 간의 대결"을 분석해보기만 하여도 고대와 현대의 비유 사이에 구조적 유사성이 있음을 발견할 수 있을 것이다. 고려 대상이 되는 모든 경우에서 나는 다음의 두 관계를 고려하여 이야기를 분석할 것이다: 한 증여자, 두 객체, 두 수령자

---

2) Barthes, "Introduction à l'analyse structurale des récits," 17.

(1G-2O-2R); 두 증여자, 두 객체, 한 수령자(2G-2O-1R). 이 구조 속에서는 두 증여자 사이에 혹은 두 수령자 사이에 대결이 있게 된다. 이것을 도표로 정리한 것이 그림7이다.

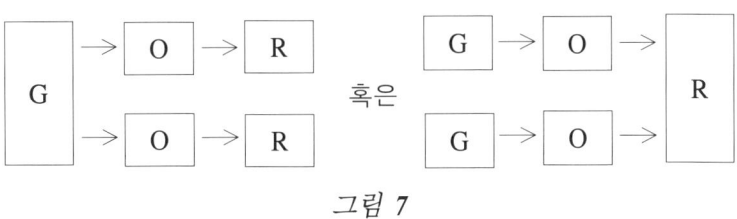

그림 7

이제 마지막 중요한 나의 주장은 모든 비유적 상황에는 기본적 구조간의 갈등이 있다는 것이다. 듣는 사람 쪽에는 기대 구조가, 말하는 사람 쪽에는 표현 구조가 있다. 이 두 구조는 서로 대칭적으로 대립되며, 이 대립이 비유적 사건의 핵심이다. 즉, 듣는 자는 어떤 개체(O+)가 어떤 증여자(G+)에 의해서 어떤 수령자(R+)에게 증여될 것이라고 예상하고, 그와 대조적인 개체(O-)가 다른 대조적인 증여자(G-)에 의해서 다른 대조적인 수령자(R-)에게 증여될 것이라고 예상한다. 그러나 비유에서 실제로 일어나는 것은 청자의 기대와 반대다. 이 두 가능성은 그림8에 정리되어 있다. 이 표들이 이상하고 난해해 보인다면 조금 더 기다려 주기 바란다. 나는 프로스트의 시 "50살이 말한 것" (What Fifty Said)이라는 시가 주는 경고를 잊지 않았다: "나는 형태를 갖기 위해 불을 멀리 했다. 내가 식을 때까지."3) 오든(Auden)의 시 또한 더욱 간결한 경고다. "연설이 음악으로 변하지 못하면, 그것은 결국 대수학(algebra)이 되지도 못하리라."4) 이제 적용을 해보자.

---

3) Frost, *Poetry*, 267.

구약성서(The Hebrew Bible)

비유형태 발전의 첫 단계를 구약성서의 룻기와 요나서에서 찾아보려고 한다. 누가복음은 "모세와 모든 예언자들"(누가 24:27)이라는 말로 구약성서를 지칭한다. 이 두 요소들은 이스라엘의 위대한 두 가지 전통, 즉 율법과 예언을 반영한다. 누가복음 24:44에서는 세 번째 중요한 전통 즉 지혜의 전통이 더하여져, 모세의 법과 예언자와 찬송가(시편)로 확장되었다. 나는 룻기와 요나서는 앞의 두 전통, 즉 율법과 예언의 전통을 의도적으로 공격하려고 하는 비유라고 제안하고 싶다. (지혜 전승에 대한 비유적 공격은 전도서 2장에서 찾아볼 수 있다. 이 땅에서 신은 착한 이에게 복을 내리고, 악한 이를 벌한다는 전통적인 확신이 전도서에서 공격을 받는다.) 비유로서 룻기와 요나는 이 두 훌륭한 전통을 부정하거나 파괴하려고 하지는 않지만 분명한 것은 이스라엘에게 신의 전통(the traditions of God)과 전통의 신(the God of the tradition)은 구별해야함을 상기시키길 원한다.

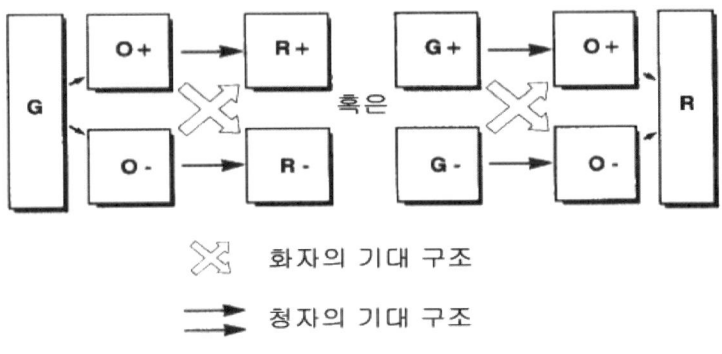

그림 8

---

4) Auden, *The Dyer's Hand and Other Essays*, 24.

룻기(The Book of Ruth)

이 책은 매우 짧은 이야기이다. 여기 요약한 줄거리가 4장으로 이루어진, 그렇게 길지 않은 원래 이야기를 대체할 수 있다고 생각하지 말기 바란다. 이야기 전체를 읽어보는 것은 꼭 필요하다.

엘리멜렉은 베들레헴에서 태어나고 자랐으나 그곳의 기근으로 인해 아내 나오미와 두 아들과 함께 고향을 떠나 비 이스라엘지역인 모압으로 이주하게 된다. 그가 죽고 두 아들은 혼인을 한다. 그 후 아들들도 죽는다. 다섯 절 속에 세 번의 장례를 소개하면서 이야기의 무대가 소개된다. 나오미는 집으로 돌아갈 결심을 하고 두 며느리 오르파와 룻도 함께 가기 원한다. 나오미가 오르파는 말릴 수 있었으나 룻은 함께 떠나고자하는 뜻을 꺾지 않았다 이러한 그녀의 효심의 표현은 다음의 잘 알려진 구절에 나온다: "제발 어머니를 떠나지 않고 함께 돌아가게 해주세요. 어머니가 어딜 가든 저도 갈 것이며 어디에 묵든 함께 묵을 것입니다. 어머니의 민족이 저의 민족이며 어머니의 신이 저의 신이기 때문입니다."(1:16) 때는 추수 때라 룻은 시댁 친척 보아스 집 밭으로 보리이삭을 주우러 간다. 그녀의 효심에 감동한 보아스는 그녀가 자신의 몫보다 훨씬 많이 주울 수 있도록 해준다. 이제 나오미가 등장하여 룻에게 밤에 탈곡하는 곳에 가라고 이른다. 보아스는 먹고 마신 후 기분이 좋아지자 곡식더미 끝자락에 가서 누웠다. 그때 그녀는 부드럽게 가서 그의 발을 벗기고 누웠다.(3:7) 이야기는 이제 정점에 이른다. 보아스가 "아침에"(3:13) 룻과 결혼하기로 합의한다. 그러나 그는 먼저 그녀의 땅과 그녀에게 청혼할 수 있는 우선적인 권리를 가진 또 다른 친척의 허락이 필요했다. 이 일은 빠르게 진행되었고 이야기는 해피엔딩으로 끝난다. "보아스는 룻을 취하고 그녀는 그의 부인이 되고 결합하여 신은 그녀를 수태하게 하여 아들을 낳는다."(4:13)

만약 정조와 위엄을 갖춘 이 아름다운 이야기가 나오미의 행복으로 끝났다면 이 이야기는 룻의 효심에 대한 신의 관심과 보상의 예가 될 것이다. 그러나 이 이야기는 실제로는 다음과 같은 족보에 관련된 말로 끝을 맺는다. "그들은 그를 오벳이라고 이름 지었고; 그는 다윗의 아버지가 되었다. 이제 이들은 모두 베fp스의 후손이다; 베레스는 헤스론의 아버지였고, 헤스론은 람의 아버지였고, 람은 아미나답의 아버지였고, 아미나답은 낫손의 아버지였고, 낫손은 살몬의 아버지였고, 살몬은 보아스의 아버지였고, 보아스는 오벳의 아버지였고, 오벳은 이새의 아버지였고, 이새는 다윗의 아버지였다.(4:17-22) 다시 말해 룻의 아들인 오벳이 이스라엘 왕인 다윗의 할아버지였다는 사실을 두 번이나 반복하고 있는 것이다.

아이스펠트(Otto Eissfeldt)는 "룻 이야기는 원래 다윗과 아무런 관련이 없었는데 후에 다윗 조상에 관한 이야기에 첨가된 것이다"라고 주장했다.5) 이 목가적 이야기가 왜 모압 여인 룻이 다윗의 고조할머니라 사실을 반복하는 말로 끝나도록 고쳐졌을까? 내가 제안하려고 하는 답은 룻의 이야기가 인간의 충성심에 대한 신성한 보상을 이야기하는 교훈적 우화나 모범적 이야기가 아니라, 비유라는 것이다.

이 성서이야기를 비유로 이해하기 위해서 우리는 이 글이 쓰인 배경을 살펴볼 필요가 있다. 바빌론은 기원전 587년에 예루살렘을 파괴시키고, 그 인구 중 중요하고 영향력 있는 많은 사람들을 이주시켜 버렸다. 바빌론은 고레스의 페르시아에게 기원전 553년에 멸망했으며 기원전 538년에 고레스는 망명자들이 팔레스타인으로 돌아올 수 있는 법령을 반포했다. 페르시아의 관용 하에, 그리고 엄청난 내적 외부적 도전을 이겨내고 돌아온 망명자들은 느헤미아와 에스라의 인도 하에

---

5) Eissfeldt, *The Old Testament: An Introduction*, 480.

무너진 조국을 재건하기 시작했다. 재건의 완성을 추진하기 위해 이들이 치뤄야 했던 노고는 우리가 충분히 이해할 수 있다. 예루살렘의 벽을 다시 세워야했고, 성전과 예배를 재건해야 했으며, 무엇보다도 신정 국가의 핵심인 하나님의 율법이 다시 제도적으로 정착되어야 했다.

에스라는 페르시아 제국으로부터 공식적인 위임을 받아 하나님의 율법을 가르치고 시행했다. 아낙사스다 왕의 칙령은 이렇게 마무리된다. "신과 왕의 법에 복종치 않는 자는 사형, 추방, 혹은 재산 몰수나 징역과 같은 준엄한 심판을 받을 것이다"(에스라서 7:26). 이렇게 하나님께 충성하기 위해서는 이스리엘인과 외국인(주로 외국인 부인이 해딩 되었다)과의 혼인을 금지하는 것 뿐 아니라, 현재 그러한 혼인관계에 있는 사람은 즉각 이혼을 해야 한다고 에스라는 결정했다. 에스라서 10:2-3의 고백과 참회를 보자. "우리는 하나님에 대한 믿음을 저버리고 이국땅의 외국여자와 혼인했다. 그러나 이제라도 이스라엘에 희망이 있으니 모두 부인들과 아이들을 쫓아내기로 하나님과 언약을 맺자." 이 후에 많은 사람들이 모였는데 "모든 이가 신전 앞 노천광장에 앉아 이 일과 폭우로 떨었다."(10:9) (조금 아이러니컬하다.) 거기 모인 모든 사람들이 외국인 부인과 이혼하기로 동의한다. "그렇습니다. 우리는 당신이 말한 대로 해야 합니다. 그러나 사람들이 너무 많고 폭우도 쏟아져 밖에 이렇게 서 있을 수 없습니다. 또한 이 일이 하루 이틀에 해결될 일도 아닙니다. 우리가 이 일에 대해 너무 크게 범죄했기 때문입니다."(10:12-13)

룻기가 바빌론 유수 이후 외국인 부인과의 이혼과 자녀의 유기가 행해지던 시대에 읽혀졌다는 것을 생각해 볼 때, 족보가 갖고 있는 논쟁적 성격은 더욱 두드러진다. 이혼과 자녀 유기를 요구한 에스라의 포고령과 정밀한 족보 자료를 배경으로 해서 이 단순한 전원적 드라마가 전개된다. 에스라서 9:1-2에 사람들이 에스라에게 고발하는 장면이 나온다. "이스라엘 백성들이 외국인들에게 갔습니다. 그중에는 모압 사람들도 있었으며, 그들의 딸들을 자신과 아들들의 부인으로 삼았습니다." 그러나 룻기는 계속해서 룻이(2:10) 모압 출신의 모압인임을 강조한다(1:1,2,4,6,7,22; 2:2,6,21;4:3,5,10). 만약 보아스가 룻과 이혼하고 아들 오벳을 버렸다면 다윗은 어떻게 됐을까? (그림9)

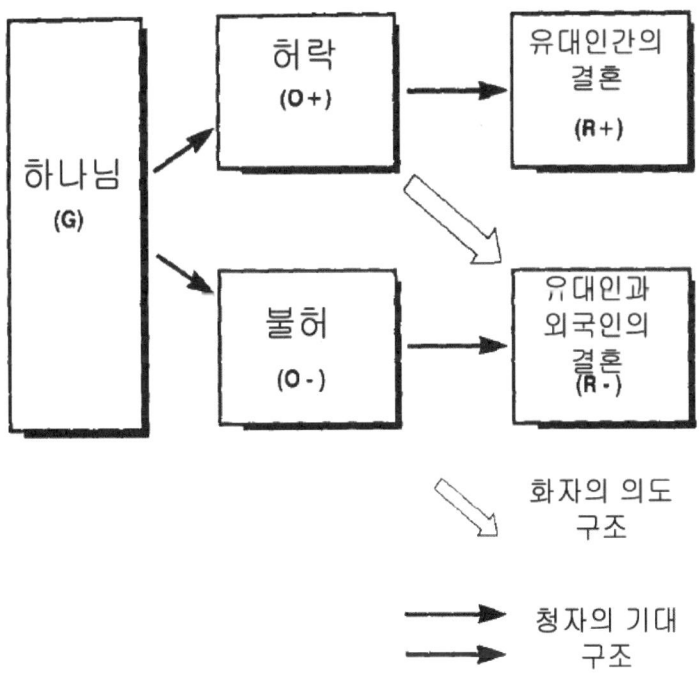

그림 9 듣는 자는 하나님이 유대인간의 결혼은 허락하고 유대인과 외국인의 결혼은 불허할 것이라고 예상한다. 그러나 이야기에서는 하나님이 유대인과 외국인의 결혼을 허락한다.

요나서

이번 이야기도 전체를 꼭 읽어봐야 하는 짧은 이야기다. 존 마일즈(John Miles)는 이 이야기를 "성경 자체를 비웃는" 해학의 글이라고 표현했고,6) 존 멕켄지(John mckenzie)는 "선민과 언약이라는 오래된 신학에 정면으로 도전하는 비유"라고 명명했다.7) 이 이야기에서 비유는 예언적 전통 전체에 대치될 뿐 아니라 성경 자체의 핵심을 공격한다. 그렇지만 주목할 것은, 성서 안에서 성서를 공격하고 있다는 것이다. 나는 이 이야기를 네 가지 요점으로 요약하려한다: 요나의 소명(call), 사명(mission), 메시지(message), 그리고 분노(anger). 이 드라마의 각 막마다 실제로 일어나는 것은 우리가 예언적 전통에서 통상 예상하는 것의 정반대의 것이다.

첫째로, 요나의 소명. 예언자 이사야가 예언을 하도록 부름을 받았을 때 그는 그 고귀한 숙명에 대해 열정적이었고 적극적이었다. 이사야 6:8-9를 보면 "나는 하나님의 목소리를 들었다 '내가 누구를 보낼까? 우리를 위해 누가 갈 것인가?' 내가 답했다 '여기 제가 있습니다. 저를 보내소서.' 그리고 신이 '가라' 했다." 예레미야가 신의 소명을 받았을 때 그는 처음에 두려웠다. 예레미야 1:6을 보면 그는 대답한다. "아 주님, 보소서. 저는 한낱 소년에 불과해 말하는 법도 모릅니다." 그러나 확신이 있건 없건 예언자는 그의 소명에 무조건 응해야 한다. 이것이 전통이다. 그러나 예언하라고 부름받은 요나의 반응은? "이제 하나님의 명령이 아밋대의 아들 요나에게 왔다. 이르기를 '일어나서 저 커다란 도시 니느웨로 가라. 가서 그들을 향하여 외쳐라. 그들의 사악함이 내 눈 앞까지 미쳤도다.'" 하나님은 그에게 육로를 통해 동쪽

---

6) Miles, "Laughing at the Bible," 168.

7) McKenzie, *A Theology of the Old Testament*, 121-22.

으로 가라 명했으나(1:1-3) 요나는 바다를 통해 서쪽으로 간다. 참 이상한 예언자이다.

둘째로, 사명: 신은 요나를 폭풍 속에서 배에서 바다로 던져지게 함으로 그를 바른 방향으로 가게 하는 데 성공한다. 그를 바다에 던진 사람들은 "누구도 신의 면전에서 도망칠 수 없다"(1:10)는 것 정도는 충분히 알고 있었던 이방인 선원들이었다는 데 주목할 필요가 있다. 그리고 이 고집 센 예언자를 위한 굴욕적인 사건이 기다린다. "그리고 하나님은 큰 물고기에게 요나를 삼키게 한다; 요나는 그 물고기 뱃속에서 삼일 밤낮을 지냈다."(1:17) 수 세대에 걸쳐 지중해 물고기 중 어느 물고기가 예언자를 신체적 손상 없이 삼킬 수 있을 만큼 큰가에 대한 토론이 있어왔다. 그러면서 이 이야기의 전개에 담겨있는 맛난 풍자는 무시해왔다. 이 불순종하는 예언자의 풍자는 페르시아 만에 굴욕스러운 모습으로 도착하는 이야기로 계속된다. "그리고 하나님은 그 물고기에게 명했다. 그 물고기는 요나를 마른 땅 위에 토해냈다." (2:10)

셋째, 메시지. 이제 신은 요나와 모든 것을 다시 시작한다. "일어나서 저 커다란 도시 니느웨로 가라. 거기서 나의 뜻을 전해라."(3:2) 그가 도착해서 그의 메시지를 전한다. "40일 후면 니느웨는 멸망할 것이다."(3:4) 그 결과는 예언 전통의 전 역사 중 가장 엄청난 참회였다. "니느웨 도시 사람들이 하나님을 믿었고 금식을 선포했다. 그리고 지위 고하와 귀천을 막론하고 굵은 베옷을 걸쳤다."(3:5) 심지어 왕도 "왕좌에서 일어나 입고 있던 왕복을 벗고 굵은 베옷을 걸치고 잿더미에 앉았다"(3:6) 풍자의 절정은 이것이다: 참회는 짐승들로까지 확대되었다. "사람이든 짐승이든, 소떼든, 양떼든, 어느 누구도 아무것도 먹어서는 안 된다; 먹이를 주지 말며 물을 마시게 하지 말며, 사람과 짐승을 굵

은 베옷으로 씌울 것이며, 하나님을 향해 힘껏 울부짖어라."(3:7-8)

마지막으로, 아이러니의 결론인 요나의 분노: 하나님은 니느웨를 벌하지 않기로 결정한다. 요나는 이를 빌미로 그가 예언자 소명을 처음에 거절한 뒤늦은 핑계를 댄다. "하나님께 청하건대, 이것이 우리나라에 있었을 때 제가 말했던 것 아닙니까? 바로 이런 이유로 저는 다시스로 급히 도망쳤던 것입니다: 저는 하나님이 은혜로우시고, 자비로우시며 좀처럼 노하지 않으시고 사랑이 한없으시고 죄에 대해 애통해 하시는 것을 알고 있었기 때문입니다."(4:2) 그래서 요나는 입을 삐죽거리며 사막에 나가 앉았다. 이는 성읍이 멸망하리라는 예언이 이루어지지 않았기 때문이고 (마치 예언의 목적이 참회에 있다기보다는 미래 재앙의 정확한 예측에 있는 것처럼) 그에게 그늘을 제공하던 나무가 시들어가고 있었기 때문이다. 이야기의 마지막 문장은 하나님의 이런 말이다: "자신의 오른손과 왼손을 구별하지 못하는 사람들이 십이만 명도 더 되고 짐승들도 수없이 많은 이 도시를 내가 어찌 불쌍히 여기면 안 되느냐?"(4:11)

이 비유의 구조는 실제로 룻 이야기에서 본 것 같은 한 가지 기대의 반전이 아니라 두 개의 반전을 포함한다. 이 반전은 그림10에 정리되어 있다.(그림9와 비교해 보라) 그리고 이 비유에서 또한 분명한 것은 룻기와는 반대로 요나서에는 두개의 증여자(Giver)와 하나의 수령자(Receiver)가 있다는 것이다.

니느웨는 잔인한 제국 아시리아의 수도였다. 성서의 예언자들이 진정으로 이 거대한 도시를 어떻게 생각했는지를 알기 위해서 우리는 나훔서를 읽어야 한다. 이 책의 한 장 전체는 아주 상세하게 그 도시의 몰락을 묘사하고 있다. 나훔은 3장 1절을 이렇게 시작한다: "너 피

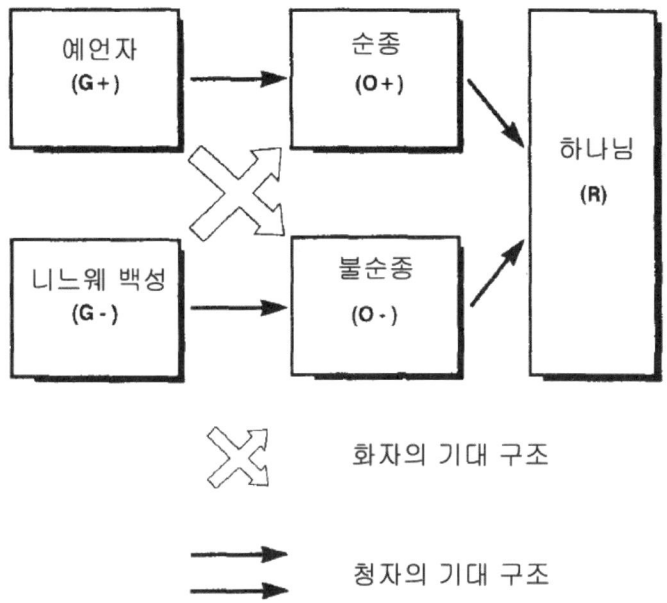

그림 10 청중은 예언자가 하나님께 순종할 것이고, 이방인, 특히 니느웨 백성은 불순종할 것이라고 기대한다. 그러니 화자는 모든 사람들의 믿음에 반하여 이 이야기에서 예언자가 순종하지 않았고 니느웨 백성들이 순종했다고 말한다.

의 도성, 거짓말과 노략질이 가득한 도시, 약탈이 끝이 없도다." 그의 통렬한 비난은 3장 19절에서 이렇게 마무리된다. "너의 상처를 고칠 길이 없다. 너의 상처는 치명적이다. 너에 대한 소식을 듣는 이는 모두 기뻐 박수를 친다. 그 어느 누가 너의 끝없는 악행에 시달리지 않았었는가?" 요나의 이야기에서도 역시 선민, 언약, 예언의 찬란한 전통의 파괴는 없다. 모든 일은 항상 비유 속에서 일어난다. 신은 신의 역할을 할 공간을 잃어버리고, 우리는 우리의 유한성과 우리가 인간임을 다시 상기하게 된다. 프로스트가 그의 시 "이성의 가장 무도회"에서 신이 욥에게 이런 설명을 하게 한다.

    이제 모두 다 괜찮아졌다. 나는 의심하지 않는다.
    네가 지금은 네가 맡았던 역이 무엇이었는지 깨달았다는 것을.
    신명기 사가의 어리석음을 드러내고,
    종교적 사고의 공포를 바꿔버리는 역할을.
    너에게 고맙게 생각하는 것은 나를
    인류의 도덕적 속박에서 풀어 주었기에.
    태초에 존재했던 유일한 자유의지는 인간의 것,
    그는 선이나 악을 선택할 수 있었네.
    나는 별 도리 없이 그를 따라
    그가 이해할만한 벌과 상을 줄 수밖에.8)

룻기와 요나서가 제기하는 질문은 이것이다: 하나님이 우리의 규칙에 따라 게임을 하지 않으면 어떻게 하나?

현대적 사례들(Some Modern Cases)

비유의 현대적 발전을 보여주기 위해 선택한 두 명의 현대 작가는 체코의 프란츠 카프카(Franz Kafka)와 아르헨티나의 보르헤스(Jorge Luis Borges)이다. 이 두 작가를 선택한 이유는 그들의 이야기가 우리 책에서 정의한 비유에 해당되기 때문이다.

---

8) Frost, in *Poetry*, 475-76.

벤 벨릿(Ben Belitt)은 TriQuarterly라는 잡지에서 이 두 작가의 비유에 대한 공헌을 다음과 같이 요약하고 있다: "통찰력과 마찬가지로, 비유는 상실의 인식론(epistemology of loss)이라 불릴 수 있다. 지식으로서의 비유의 가치는 우리의 무지에 대한 인식을 증가시켜 주는 것이다. 그렇지만 그것이 철학의 첫걸음이다."9) 내 생각에는 그것이 종교적 체험의 첫걸음이기도하다.

프란츠 카프카(Franz Kafka)

롤랑 바르트(Roland Barthes)는 그의 『비평적 수필』(*Critical Essays*)이라는 모음집에서 이렇게 썼다: "카프카의 기법은 세상의 의미는 말로 형용할 수 없으며, 작가의 유일한 임무는 가능한 의미들을 찾아보는 것이라고 한다. 그런데 그 의미들은 각각을 검토할 때는 (필연적) 거짓이지만, 다양성 전체를 볼 때 작가의 진리가 된다."10) 이 말은 카프카 작품의 비유적 성격을 잘 소개해준다.

카프카의 소설 『심판』(*The Trial*)에서 발췌한 단편작 "법 앞에서"(Before the Law)는 이렇게 시작한다: "법 앞에 문지기가 지키고 서 있다. 이 문지기 앞으로 시골에서 올라온 한 남자가 다가온다. 그는 법 안으로 들어가게 해 달라고 그러나 문지기는 지금 그를 들여보낼 수 없다고 말한다."11) 그 남자는 기다리고 기다리지만 그 문지기는 계속해서 "아직" 안 된다고 하면서 그를 들여보내지 않는다. 마침내 그 남자는 죽어가고 그는 문지기를 그의 곁으로 부른다. "'모든 사람들이 법에 도달하려고 애씁니다.' … '그런데 어떻게 이 오랜 세월동안 나를 제외

---

9) "The Enigmatic Predicament," 273.

10) Barthes, *Critical Essays*, 137.

11) Kafka, "Before the Law," 61.

하고는 아무도 와서 들여보내 달라고 하지 않았나요?' 문지기는 그 남자가 죽어가고 있으며 청력을 거의 잃은 것을 알아차리고는 그의 귀에 대고 소리친다. '이 문은 오직 당신만이 통과할 수 있다네. 왜냐하면 이 문은 오직 당신만을 위한 문이었기 때문이네. 이제 문을 닫아야겠네.'"12)

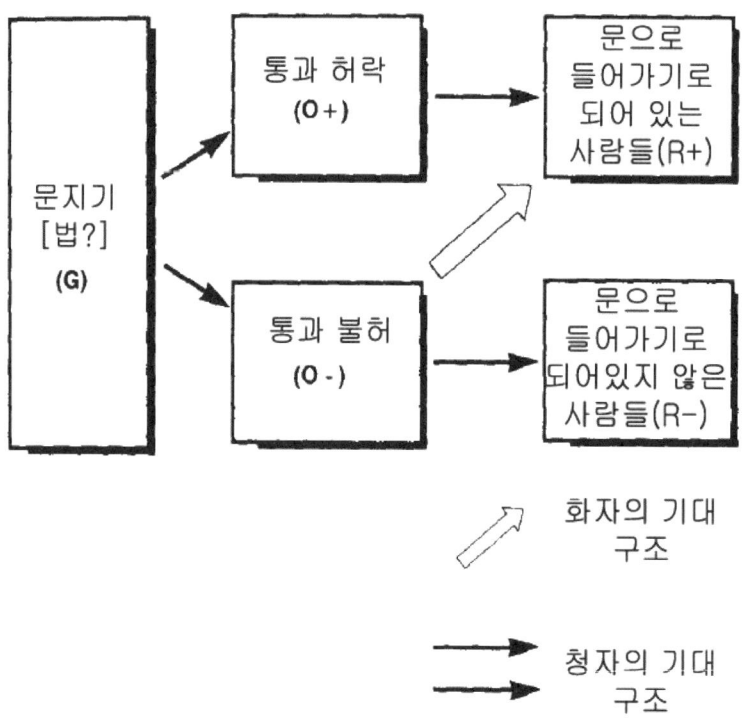

그림 11 듣는 자는 문지기가 그 문으로 들어가기로 되어 있는 사람들을 통과시키고, 다른 사람들에게는 통과를 불허할 것이라고 기대한다. 이 이야기에서는, 그 대신, 그 문이 원래 만들어질 때 고려되었던 사람이 들어가지 못한다.

---

12) Kafka, "Before the Law," 65.

우리는 금방 쉽게 하나의 반전을 가진 비유적 구조를 인식할 수 있다.(도표 11). 이 이야기가 나온 다음 주인공 K와 성직자가 대화를 나눈다. 그 남자가 더 애를 쓰지 않은 것이 잘못인가? 아니면 문지기가 그 남자를 거부한 것이 잘못인가? 마지막 순간에 이 두 사람에게 제3의 가능성이 있다는 생각이 떠오른다: 아마 이 상황에서 잘못은 어느 누구에게도 있지 않을 것이다. 그런 상황을 만들어낸 법말고는.

내가 처음 이 이야기를 읽은 학부 학생들에게 받은 전형적인 몇 가지 반응은 다음과 같다. 어떤 학생은 이 이야기에서 아무 문제점을 못 느꼈다. 이는 그들이 갖고 있던 기독교적 사고방식으로 이 남자가 죽어서 그 문을 통과했다고 생각했기 때문이다. 이에 대해 나는 이야기 속의 성직자가 K에게 말한 것처럼, "당신은 쓰인 글을 충분히 존중하지 않고, 이야기를 맘대로 바꾸고 있다"라고 말해주고 싶다.13) 대부분의 학생들은 그 문제에 대해 존 웨인 식의 반응을 보이며 문지기를 제치고 들어가지 않은 그 남자를 비난한다. 이 반응은 이 이야기가 분명하게 밝힌 경고를 무시한 것이다: "알아 둘 것이 있는데, 나는 무척 힘이 세다네. 하지만 나는 낮은 문지기라네. 방마다 점점 더 힘센 문지기들이 계속 서있다네. 세 번째 문지기는 내가 쳐다보기도 힘들 정도로 무시무시하지."14) 다른 학생들은 문지기를 비난한다. 하지만 이야기 그 어디에도 그가 그의 역할과 임무를 벗어난 행동을 했다는 내용은 없다. 그래도 각 강의마다 몇 학생들은 카프카의 도전을 아주 명확하게 알아차린다: 만약 너의 삶이 너만을 위한 문이었지만, 또한 네가 들어갈 수 없었던 문이라면 어떻게 하겠는가?

---

13) Kafka, "Before the Law," 65.

14) Kafka, "Before the Law," 61.

보르헤스(Jorge Luis Borges)

미국 소설가 존 바르트(John Barth)는 보르헤스에 대한 글 "고갈의 문학"(The Literature of Exhaustion)을 *The Atlantic Monthly*에 발표했었다. 이 글에서 그는 "고갈된 가능성의 문학"에 대해 얘기했다. 그는 현대 (정확히 현대) 작가들이, 문학 작품을 만드는 것이 뼈저리게 힘들다는 것을 경험하고, 더 나아가 문학의 불가능성까지 느끼면서, 어떻게 그것을 통해 문학을 만들어 왔는지 논했다. 소설은 죽었다. 그렇다면, 장례식에 대한 소설을 써라. "더 나아가, 보르헤스의 모든 작품처럼, 그것은 모든 면에서 내가 다루고자 하는 주제를 묘사한다: 어떻게 한 예술가가 역설적으로 우리 시대에 자신이 느끼는 극한 상황을 작품의 재료와 수단으로 바꿀 수 있는가 - 왜 역설적이냐 하면 그렇게 함으로써 그는 자신을 논박하고 있었던 것을 극복하기 때문이다. 마치 이 세계의 유한성을 초월한 신비주의자들이 이 유한한 세계에서 정신적, 육체적으로 살아갈 수 있는 것처럼.15) 이것이 보르헤스의 작품이 나를 매료시키는 이유이고, 또한 이것이 그를 이 책에서 사용하고 있는 의미로서의 "비유꾼"으로 만드는 것이다.

보르헤스의 단편 소설 "원형의 폐허"(The Circular Ruins)를 예로 들어 보자.16) 그의 글을 내 말로 풀어 옮기는 것은 보르헤스 글의 설득력을 전달하는 것을 불가능하게 하기 때문에 나는 자주 그의 글을 그대로 인용하려고 한다.

한 낯선 사람이 밤에 남쪽으로부터 해안가로 밀려와 원형의 폐허

---

15) Barth, "The Literature of Exhaustion," 32.

16) 이 단편은 최소한 네 모듬집에서 찾아볼 수 있다: *Ficciones, Labyrinths, A Personal Anthology*, and *The Aleph and Other Stories 1933-1969*. 인용은 마지막 모음집에서 한 것이다.

에서 기절했다 "그곳은 오래 전에 불에 탔고 습한 기운으로 덮여 그 곳의 신은 더 이상 인간의 숭배를 받지 못했다." 그는 휴식을 취하고 잠이 들었다. 우리는 그가 추구하려고 했던 것이 "불가능한 것은 아니었지만, 초자연적인 것이었다고 듣게 된다. 그는 '인간 꿈'을 꾸기 원했다(He wanted to dream a man). 그는 그 인간을 아주 자세하게 꿈꾸려 했고, 그를 실제 세계에 투사하기를 원했다." 그는 폐허를 대학 강단이라 꿈꾸기 시작했고, 그의 질문에 대한 수많은 학생들의 반응을 경청했다. "그는 이 세상에 자리를 차지하고 있을 만큼의 가치가 있는 영혼을 찾고 있었다."

그는 새벽에 한 두 시간을 제외하고는 밤낮 없이 꿈을 꾸었고, 열흘 후 그는 학생들을 두 그룹으로 나누었다. 한쪽 그룹은 수동적인 자세의 학생들로, 다른 한 쪽은 열심히 질문을 하는 학생들로 채워다. 질문하는 학생들은 가끔 그가 가르치는 것에 대해 위태롭지만 정당한 회의를 하기도 했다. 마침내 그는 질문을 열심히 하는 학생 그룹에서 한 명을 선택했고, 나머지는 다 돌려보냈다. 그리고 그는 이 한 학생에게 완전히 전념했다. 그러나 재앙이 닥쳤다. 불면증이 찾아온 것이다. 그는 꿈을 다시 꾸려 모든 시도를 다 해봤으나, 소용이 없었다. 그리고 "그의 끊임없는 불면증 속에서 분노의 눈물이 그의 늙은 눈에서 솟구쳐 나왔다." 마침내 꿈꾸기를 단념하고 한 달이 완전히 지난 후에야 비로소 잠을 자고 꿈을 다시 시작할 수 있었다.

이번에 그의 첫 번째 꿈은 사람의 심장이었다. 그리고 거기에서 시작하여, 일 년에 걸쳐, 꿈 하나 하나를 통해, 완전한 인간을 만들어 갔다. 비록 "셀 수없이 많은 머리카락들이 그 중에서도 가장 어려운 일이었지만." 그러나, 그가 꿈으로 만든 젊은이는 눈을 뜨려 하지 않았다. 그는 밤마다 자면서 그 젊은이를 꿈꿨다. "낙담한 그는 그 젊은이를 거의 파괴할 뻔하기도 했다. 그러나 자제하면서 다시 그 꿈으로 돌아가 그가 살았던, 폐허가 된 신전의 주인인 신을 향해서 도움을 요청하는 꿈을 꾸었다. 이 신은 자신의 지상 이름은 불이라고 밝히며 "그의 마술을 통해서 그 젊은이가 인간으로 깨어나게 될 것이라고 말했다. 불의 신과 꿈꾼 자를 제외하고는 세상 모든 사람들이 그를 살과 피를 가진 인간으로 여길 것이다." 젊은이가 살아나자 신은 그에게 북쪽에 있는, 역시 폐허가 된 그의 두 번째 사원에 가서 신을 숭배하도록 명령했다. "그 꿈꾸는 자의 꿈 속에서 그는 깨어났다."

천천히 그 사람은 그를 실제 세계로 밀어 넣는다. "한번은 그에게 먼 곳의 산봉우리에다가 깃발을 하나 꽂으라고 명했다. 그 다음날 그 꼭대기 위에는 번쩍이는 삼각 깃발이 빛났다." 마침내 그는 그 젊은이를 북쪽으로 보냈고, 그의 마음 속에서 이 젊은이의 기억을 지웠다.

후에 그 꿈꾸는 자는 그의 "비실재적 아들"(unreal son)에 대해서 걱정을 했다. 북쪽에서 온 여행자들이 그에게 강 아래쪽의 사원에 있는 한 마술사에 대한 얘기를 들려줬는데, 그 마술사는 불 위를 상하지 않고 걸을 수 있다고 했기 때문이다. "그는 그의 아들이 이상한 특권에 대해 의아해하고, 결국 자신이 '실재'로 존재하지 않는 다는 것을 알아 차릴까봐 걱정했다."

그런 걱정은 오랜 가뭄 끝에 일어난 산불로 잊혀졌다. 그 산불로 인해 숲의 동물들이 극단적 공포에 빠졌다. 옛날처럼 불의 신의 신전은 화재에 의해 파괴될 운명이었다. "한순간 그는 강으로 뛰어들어 피해볼까도 생각했다. 그러나 그때 그는 깨달았다. 죽음으로써 인생은 최고의 순간을 맞이하는 것이며, 죽음은 힘든 노동에서 그를 벗어나게 해줄 것이라고. 그는 날뛰는 불길 속으로 걸어 들어갔다. 그런데 그의 살은 전혀 타지 않았다. 오히려 그를 감쌌다. 그리고 열이나 화상도 없이 그를 채웠다. 안심과 모멸감과 공포 속에서 그는 깨달았다. 그도 역시 다른 누군가의 꿈이었음을.

이 이야기는 그림12가 보여주듯 미묘한 이중 반전을 갖는다.

반전은 두 단계로 진행된다. 첫째로, 우리는 실제 인간이 꿈꿨던 인물에게 실제적 존재를 주었다고 생각한다. 그러나 맨 끝에서 이 실제 인간 역시 다른 사람의 꿈에 의해 현실에 존재하게 되었다는 것을 알게 된다. 실제/꿈이 합쳐져서 요동칠 때 우리는 묻게 된다: 모든 사람은 누군가에 의한 꿈이 아닌가?

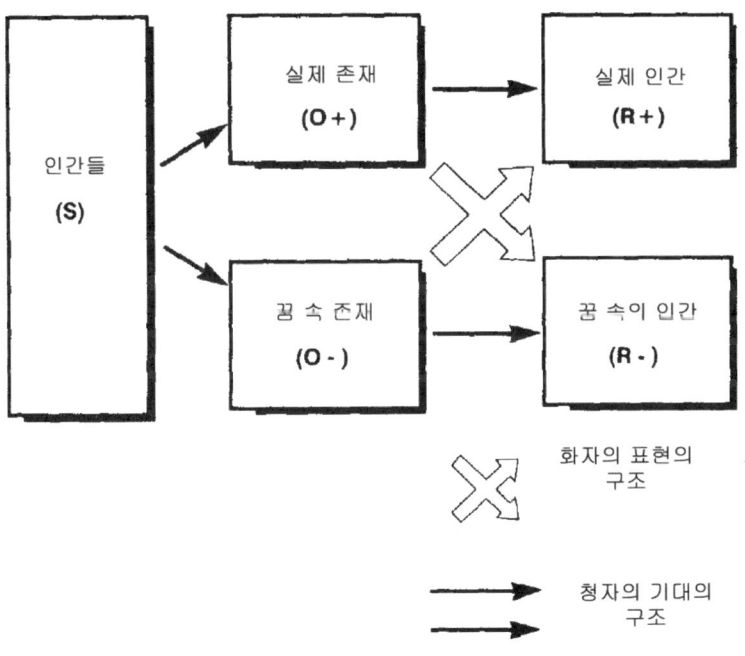

그림 12 우리는 실제 인간에게 실제적 존재를 주고 꿈속의 인간에게 꿈속의 존재를 줄 것으로 기대한다. 그러나 이 이야기에서는 그 기대가 반전된다.

우리가 이 이야기의 존재론적인 의미를 생각하지 않으면 이 질문은 기발한 수사학적 게임에 불과할지도 모른다. 우리는 이야기꾼과 드라마 작가들이 등장 인물을 '꿈꾸어내고'(dream up) 그 중 최고의 인물들은 세계적 인물이 되며, 불멸의 존재가 됨을 알 수 있다. 그들은 실제 사람들보다 더 실제적이다. 나는 누군가를 "햄릿"이라고 부를 수 있다. 그러면 동서고금을 막론하고 모든 이들이 이해를 한다. 이 책에서 주장하는 바와 같이 이야기만 존재한다면 우리는 이야기의 여러 층 속에 나오는 등장인물일 것이다. 우리는 우리 자신과 다른 이들에 의해서 꿈꿔진 것이다. 우리가 흔히 쓰는 히틀러가 지배하던 유럽의 악몽이라는 표현은 아무 문제없이 이해되지 않는가? 보르헤스의 이야기는 실재는 고정되어 있다는 주장, 즉 우리가 편견없이 중립적으로 읽어주기를 기다리는 저 밖의 객관적 세계가 존재한다는 주장을 반대하는 비유인 셈이다. 이 이야기는 보르헤스가 다른 곳에서도 언급한 내용을 상기시킨다. "우리는 그것보다 더 나가야 한다. 유기적이고 통합적 의미의 세계는 아무리 그 단어가 야심적이라 할지라도 존재하지 않는다."17) 이야기만이 있을 뿐이다. 그것은 조심스럽게 통제된 꿈꾸기만 있다는 뜻이다.

나는 이 책의 비문으로도 부족하지 않을 것 같은 보르헤스의 또 다른 인용으로 결론을 맺으려 한다. "이것은 우리의 운명일 것이다. - 우리 자신을 문장에 주고, 불안전한 연결에 주고, 부정확성에 주고, "아마도"에 주고, 과장된 강조에 주고, "그러나"에 주고, 우리말의 거짓과 그늘의 영역에 주는 것이."18) 한마디로 이야기에 주는 것이.

---

17) Borges, "The Analytical Language of John Wilkins," 104.

18) Cited in Barrenechea, *Borges the Labyrinth Maker*, 81.

비유의 기술(The Art of the Parables)

화살표와 도식, 시스템과 구조, 그리고 시인 파블로 네루다(Pablo Neruda)가 말한 "배 모양의 묘기상자"의 사용은 이제 충분한 것 같다.[19] 몇 개의 줄과 몇 개의 화살표로 비유를 전부 설명할 수 있겠는가? 비유는 오히려 사람과 유사하다. 모든 이들이 골격 구조를 가지고 있다. 그러나 우리는 그 골격에 문제가 생기지 않는 한 그 존재를 너무나 당연하게 생각한다. 그러나 사람을 재미있고 매력적인 사람으로 만드는 것은 그 골격이 아니다. 뼈대는 그 곳에 있고 외과의는 그것을 안다. 비유도 그와 같다. 나는 오로지 그것들의 구조적인 측면만을 분석했을 뿐이다. 이제 그것들의 아름다움과 예술성에 대해서 몇 마디 하고자 한다.

우리는 정확히 어떻게 듣는 자의 기대의 구조를 공격하고 손상시키는 이야기를 말 할 수 있나? 듣는 자가 그 비유는 실제로 일어날 수 없는 이야기라고 어깨를 으쓱하고 쉽게 무시해버릴 수 도 있는데? 비유작가는 표면적 구조와 짜임새에 최고의 기술을 발휘해야 한다. 그래서 비유의 심층 구조가 듣는 자의 의식 속에 단단히 자리 잡아서, 비유가 발휘하는 위력을 충분히 느끼게 될 때는 이미 더 이상 아무것도 할 수 없는 상황이 되어야 한다.

두 가지 예를 통해 그 의미를 충분히 이해할 수 있을 것이다. 위에 살펴본 카프카의 이야기 속에서 우리는 그 이야기가 '실제로' 일어났던 일로 믿도록 설득 당했다. 왜냐하면 그 이야기가 우리 눈앞에서 전개되었기 때문이다. 우리는 모피 관복을 입은 문지기가 크고 뾰족한 코와 길고 가는 타르타르 수염을 갖고 있는 것을 본다.[20] 그리고 문으

---

19) Neruda, "*Autumn Testament*," in *Selected Poems*, 405.

로 들어가려고 애쓰는 남자처럼, 우리는 문지기의 옷 칼라 속에 벼룩들이 있는 것도 알게 된다.21) 우리가 그 벼룩까지 보았는데, 어떻게 이 이야기의 실제성을 부인할 수 있겠는가? 두 번째 예로, 보르헤스의 이야기 속의 세부묘사에 주목하라. 그는 그 이야기를 마치 구체적인 지리적 장소에서 일어난 것처럼 묘사하고 있다. 그 낯선 이의 "집은 가파른 산 상류지역의 수많은 마을 속에 있었고, 그리고 그곳에는 젠드어가 그리스어에 의해 변형되지 않은 채 보존되고 있으며, 나병환자는 거의 없었다."22) 우리는 지도를 꺼내서 확인하고 싶은 생각이 든다. 그러다 보르헤스와 저널리스트가 *The Aleph and Other Stories 1933-1969*라는 모음집의 대표 이야기에 대해 나눈 대화를 상기하게 된다. "저널리스트가 말했다. '아, 그러니까 그건 전부 당신이 지어낸 것이군요. 나는 당신이 거리의 이름까지 다 붙여놨기 때문에 진짜인 줄 알았습니다.' 나는 그에게 거리에 이름을 지어준 것 정도는 그렇게 특별한 작업은 아니라고 감히 말할 수 없었다."23)

아마 우리가 예로든 비유를 통해서 비유는 항상 짧아야한다는 추측이 나올 만도 하다. 보르헤스는 자신은 장편소설은 쓸 수 없다고 말하고, 카프카는 몇 번 시도했었지만 그도 역시 장편소설을 쓸 수 없었다고 언급한 적이 있다.24) 신화에게 길어지는 경향이 있듯이 비유는 짧아야 한다고 생각하지만, "아마도"라는 단서를 붙여야 할 것 같다.

분명한 것은 비유는 단순 이야기가 아니라 이야기 사건(story event)

---

20) Kafka, "Before the Law," 61.

21) Ibid., 63.

22) Borges, "The Aleph," 34.

23) Ibid., 190.

24) Burgin, *Conversations*, 60.

이라는 것이다. 자신에게 이야기를 말할 수는 있지만 자신에게 비유를 말할 수는 없다. 혼자 하는 체스게임에서 자신을 진실로 이길 수 없고, 자기가 만든 수수께끼를 자기에게 내고 모르는 척 풀 수 없는 것처럼, 자기 스스로에게 말 할 수 없는 것이 비유이다. 비유를 위해서는 두 사람이 필요하다.

4장

비유꾼 예수

지금까지 나는 구어 또는 문자로 된 비유(spoken or written parables), 즉 언어로 된 비유에 대해서만 이야기하였다. 지금부터 구어 또는 문자로 된 비유가 아니라 일어난 비유, 즉 행동의 비유(parables of deed)에 대해서 이야기 하고자 한다. 언어를 통해 기대의 구조에 반대했던 것처럼, 행동을 통해서도 그렇게 할 수 있다.

비유와 행동

비유적인 행동은 최근 미국 사회에서 이루어지는 저항운동 경험의 한 부분이다. 만약에 흑인 성직자가 유색인종만을 위한 점심 구역에 앉아 있거나, 랍비가 징집통지 서류에 피를 쏟아 부었거나, 신부가 자기 나라의 국기를 불태웠다면, 그 행위는 그림13에 나타나듯이 그것을 보는 사람으로 하여금 구조적 딜레마에 빠지게 한다. 왜냐하면 하나님의 말씀을 전하는 성직자가 감옥으로 갔기 때문이다. 그 행위의 목적에 대해 여러 가지 불편한 질문들이 쏟아져 나올 수 있다. 나쁜 질문: 성직자들은 왜 감옥에 가는가? (하나의 반전) 더 나쁜 질문:

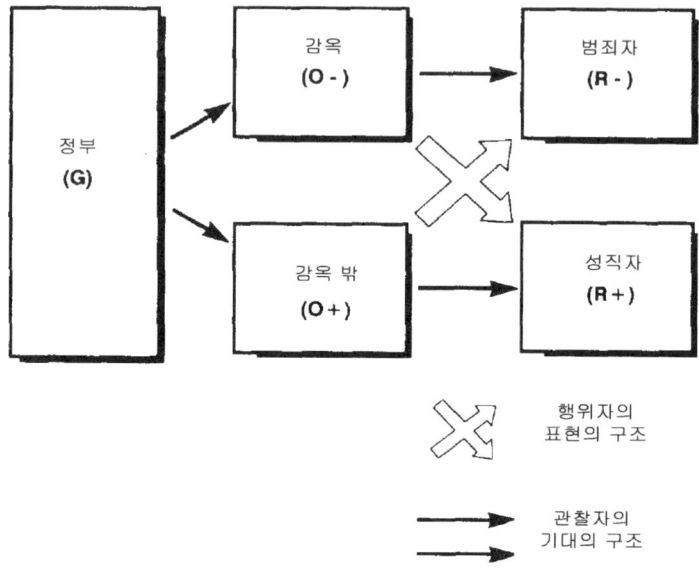

그림 13 우리는 정부가 범죄자에게 "감옥"을 주고, 성직자에게는 "감옥 밖"을 줄 것으로 기대한다. 그러나 성직자가 감옥에 간다면 범죄자들은 자유로운가? 그렇다면 정부는 무엇인가?

이는 범죄자들이 감옥에 가지 않는다는 말인가? (이중적 반전) 가장 나쁜 질문: 왜 정부는 이런 기이한 상황을 만들었을까? 이제 예수의 경우 비유적 행동이 무엇이었는지 살펴보자.

존 R. 도나휴(John R. Donahue)는 "세리와 죄인"이라는 굉장히 흥미로운 논문을 1971년에 발표했다. 그의 전체적인 주장은 지금 우리에게 굉장히 중요하다. 예수가 세리나 죄인들과 가까이 했다는 이야기가 복음의 초기 전승에 속해 있다는 것은 확실하다. 물론 이 이야기들이 후대로 전승되면서 변화와 수정이 가해졌겠지만, 이 이야기들은 아직도 예수의 사역의 역사성을 간직하고 있다.[1] 예수가 가까이 지냈기 때문에 비판받았던 이 사람들은 정확히 누구였는가? 고대의 세금제도에서는 왕이 모든 세금의 징수를 각 지역의 세금 징수인이나 세리에게 위임했다. 이들 세금 징수인이나 세리는 왕으로부터 부과된 세금을 자신의 재산으로 먼저 바치고 나서, 자신의 담당 지역 사람들에게 그만큼 세금을 걷었다. 이 세금징수 방식은 신약성서 시대 팔레스타인에서는 시행되고 있지 않았다. 따라서, 엄밀히 따지자면, 사복음서에 나오는 사람들은 진정한 "세리"가 아니다. 그 시절 직접세는 중앙정부에 의해 징수되었다. 임차인에게 부과된 것은 통행세나 부과금 같은 간접세였다. 이런 조세 과정에서 수많은 악과 부정이 저질러졌고 터무니없는 세율이 적용되기도 했다. 따라서 사복음서에 나오는 사람들은 세금 징수인이나 세리라기보다는 실제로는 부과금 징수자인 셈이다. 그래서 성서에서 부과금을 거둘 것으로 예측할 수 있는 시장 복판에서 그들을 만나게 되는 것이다. 가버나움의 세리 레위(마가 2:14), 여리고의 세관장 삭개오(누가 19:2)등이 그 경우다. 왜 "세리"라는 말이 "죄인"이라는 말과 동의어가 되었는지는 요한이 세례를 주던 장면을 보면 명확해진다. "세리들도 세례를 받으러 와서 그에게 물었다, '선생님, 우리가 무엇을 해야 하겠습니까?' 그가 그들에게 말했다, '너희에게 정해 준 것보다 더 받지 말아라.'"(누가 3:12-13). 요약하자면, 예수가 사람들의 악평을 들은 것은 그가 부정직한 사람들과 가까이 하였기 때문이다. "세리와 죄인"은 두 부류의 사람들이 아니고 같은 부류의 사람들이다. 그것은 "그들은 죄인이기 때문에 세리"라는 의미다.

    여기서 두드러지는 점은 최초의 복음서 전승과정에 예수가 이렇게 문제가 되는 사람들과 가까이 했다는 기록은 있지만 그 목적에 대해서는 정확히 말하고 있지 않다는 것이다. 이 사람들이 모두 완전히

---

1) Donahue, "Tax Collectors and Sinners," 특히 48-49, 54, 59-60쪽을 보라.

부정직한 직업을 가졌던 것은 아닐 수 있어도 도덕적으로 위험한 직업을 전부 버렸다면 왜 예수에 대해 악평을 했겠는가? 누가복음 19:7~8절에서 나온 이야기처럼 예수와 교제한 세리들이 전부 회개를 했다면 예수를 비판할 근거가 없었을 것이다: "그들이 그것을 보고서 모두 수군거리며 말하였다. '그가 죄인의 집에 묵으려고 들어갔다.' 삭개오가 일어서서 주님께 말하였다. '보소서, 주님, 제 소유의 절반을 가난한 사람들에게 주겠습니다. 또 내가 누구에게서 강제로 빼앗은 것이 있으면 네 배로 갚아 주겠습니다.'" 내가 주장하고 싶은 것은 예수와 세리의 교제는 그것 자체가 충격을 주기 위해 계획된 의도적인 비유적 행동이었지, 회개라는 결론으로 가기 위한 준비 단계는 아니었다는 것이다. 이 행동은 하나님 앞에서 누가 의롭고 누가 악한지, 그리고 확신이라는 명분 하에 그 결정이 얼마나 독선적으로 이루어질 수 있는지에 대해 의문을 제기하기 위해 의도된 것이다. 그 행동의 충격은 그림14로 요약될 수 있다. 비유적 행동은, 그것이 확실한 비유인 한, 세리의 덕을 칭송하지 않는다. 그것은 도둑질에 대한 고발이 아니다. 도리어 비유적 행동은 하나님이 도덕보다 더 중요하고, 하나님이 항상 우리의 도덕적 판단을 승인하시는 것은 아니라는 것을 상기시킨다.

비유와 유머(Humor)

그림 14에서 소개한 이야기의 다섯 가지 유형을 보면, 비유와 풍자가 얼마나 비슷한지 알 수 있다. 이 부분에서는 예수의 비유가 담고 있는 풍자적 유머에 대해 겨자씨의 비유와 잃어버린 양과 동전의 비유를 통해 살펴보려고 한다.

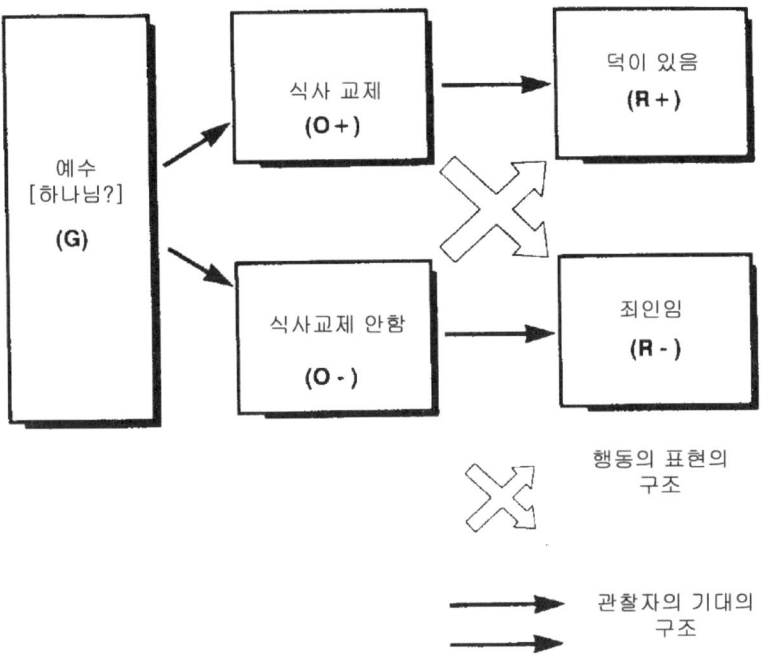

그림 14 우리는 예수가 하나님의 예언자로서 덕망 있는 사람들과 사귐을 갖고, 죄인들과 교제하지 않으리라 기대한다. 그가 그 반대로 행한다면, 덕망 있는 사람이 죄인이고 죄인이 덕망 있다는 말인가? 아니면 무슨 뜻인가?

겨자씨(The Mustard Seed)

이 비유는 누가복음 13:18-19에 나와 있다. "그가 말했다, '하나님의 나라는 무엇과 같은가? 그것을 무엇에 비길까? 그것은 겨자씨와 같다. 어떤 사람이 겨자씨를 가져다 자신의 마당에 심었는데, 자라서 나무가 되어, 공중의 새들이 그 가지에 둥지를 틀었다.'" 겨자씨는 아주 작은 것으로 잘 알려져 있다. 누가복음 17:6에서 예수가 한 말을 상기해보자: "그리고 주께서 말씀하셨다. '너희에게 겨자씨 한 알만한 믿음이라도 있으면, 이 뽕나무더러 "뽑혀서 바다에 심기어라"하면 그대로 될 것이다.'" 예수는 하나님의 나라를 이 겨자 식물과 관련 지으셨고, 이 본문은 새들이 그 가지에 둥지를 트는 이미지로 마무리지어진다.

이 그림은 구약성서에 나오는 비슷한 이미지를 연상하게 한다.2) 에스겔서 21:2-6에서 예언자에게 하나님이 말한다,

> 너는 이집트의 바로와 그 무리에게 말하라, "너의 위대함을 *누구에게 비하랴*? 보아라 나는 너를 가지가 아름답고 그늘은 숲의 그늘 *같으며* 키가 크고 꼭대기가 구름에 닿은 레바논의 백향목에 *비하겠다*. 물들이 그것을 기르며 깊은 물이 그것을 크게 자라게 하며, 강들이 그 심어진 곳을 둘러 흐르며 둑의 물이 숲의 모든 나무에까지 미친다. 그 나무 아래 물이 많으므로 그 나무의 키가 숲의 모든 나무보다 크며 그 큰 가지들이 굵게 자랐고, 가는 가지들이 길게 뻗어 나갔다. *공중의 모든 새가 그 큰 가지에 둥지를 틀었다*.

이집트 제국의 세력은 막강하여서 레바논의 백향목처럼 다른 모든 나라를 그 가지 아래 두었다. 똑같은 이미지가 다니엘서 4:10-12에서도 사용된다. "내가 보니, 땅의 한 가운데 아주 높고 큰 나무가 하나 있었는데 그 크기가 굉장히 컸다. 그 나무는 자라서 튼튼해졌다. 그 높이가 하늘에 닿아서, 땅 끝에서도 볼 수 있었다. 그 잎은 무성하여서 아름답고, 열매는 온 세상이 먹고도 남을 정도로 풍성했다. 들짐승이 그 그늘 아래에서 쉬고, 그 큰 나뭇가지에는 공중의 새들이 깃들었다." 마지막으로 에스겔 17:22-23에서 레바논의 백향목이 언급되는데, 여기

---

2) 인용의 이탤릭체는 나 자신의 것이다.

서는 백향목의 어린 가지에서 메시아적 왕국으로 성장하게 될 메시아의 이미지로 사용되었다. "주 하나님이 말한다: '내가 백향목 끝에 돋은 가지를 꺾어다가 심겠다. 내가 그 나무의 맨 꼭대기에 돋은 어린 가지들 가운데서 연한 가지를 하나 꺾어다가, 내가 직접 높이 우뚝 솟은 산 위에 심겠다. 이스라엘의 높은 산 위에 내가 그 가지를 심어놓으면, 거기에서 가지가 뻗어 나오고, 열매를 맺으며, 아름다운 백향목이 될 것이다. 그 아래 온갖 들짐승들이 거하고, 온갖 종류의 새들이 그 가지에 깃들 것이다.'"

예수 이전의 성서적 전통에서 새들이 깃들 수 있는 레바논의 거대한 백향목은 메소포타미아나 이집트 같은 강력한 제국이나 메시아, 혹은 메시아적 왕국에 적합한 이미지로 여겨졌었다. 그런 전통에 거슬러서, 예수는 백향목의 거만함을 의도적으로 비웃듯이 훨씬 소박한 이미지를 택했다. 하나님의 나라는 유명한 레바논의 백향목 같지 않고, 아주 평범한 겨자 식물 같다. 이것은 이전에 알려졌던 "하늘에 닿거나"(다니엘 4:11) "구름에 닿는"(에스겔 31:3) 묵시론적인 나무의 이미지에 대한 풍자적인 일격이다. 이 풍자적 의도가 누가복음의 본문의 몇몇 특징들에 드러나 있다. 전승은 예수 이야기의 풍자성을 특별히 좋게 생각하지는 않은 것 같다. 그래서 예수의 이야기를 이전의 이미지와 연결짓기 위해 겨자 덤불(shrub)을 겨자 나무(tree)라고 부르고, 새들이 거기에 깃들 수 있게 했다. 원래의 이야기에서는 아마 새들이 씨를 찾으려고 나무 그늘 아래 땅바닥에서 움직이고 있었을 것이다. 물론 그렇게 함으로써 그들은 겨자 "나무"와 레바논의 백향목의 차이만을 강조했을 뿐이다. 예수의 이야기를 전한 전승은 메시아적 백향목에 대한 풍자적 비판을 예수처럼 편하게 여기지는 않았던 것으로 추정된다. 이 전승은 에스겔서 17:24을 다시 읽었어야 했다: "그 때야 들의 모든 나무들은 나 주가 높은 나무는 낮추고, 낮은 나무는 높이고, 푸른 나무는 시들게 하고, 시든 나무는 무성하게 하는 줄을 알게 될 것이다." 나무는 덤불이 되고, 덤불은 나무가 될 것이다.

잃어버린 양과 잃어버린 동전
이 두 이야기는 누가 15:1-10에 연이어 나온다.

세금징수원과 죄인들이 예수의 말을 들으려고 그에게 가까이 갔다. 바리새파 사람들과 서기관들은 다음과 같이 속삭였다. '이 사람은 죄인들을 영접하고 그들과 함께 식사를 한다.' 그래서 예수는 속삭이는 그들에게 이 비유를 들려주었다:
100마리의 양이 있는 어떤 사람이, 만약에 한 마리의 양을 잃어버렸을 때 남은 99마리의 양을 떠나서 다른 한 마리의 양을 찾으러 가지 않겠는가? 그리고 그가 그 양을 찾았을 때 그 양을 어깨에 메고 기뻐하지 않겠는가? 그리고 집에 다시 돌아왔을 때 그의 친구와 이웃을 불러 이르기를, "나와 함께 기뻐해 주시오. 나의 잃어버린 양을 찾았소."라고 하지 않겠는가? 내가 말하는데 한 사람이 죄를 뉘우치고 돌아올 때, 죄를 뉘우칠 필요 없는 99명의 의로운 사람보다 천국에서 더 많은 기쁨을 가지게 될 것이다. 또한 10개의 은전을 가지고 있는 한 여인이 한 개의 동전을 잃어버렸을 때, 등불을 켜고 동전을 찾으려 하지 않겠는가? 그리고 그녀가 잃어버린 동전을 찾았을 때, 그녀의 친구와 이웃을 불러 말하기를, "나와 함께 기뻐해 주시오. 내가 잃어버린 동전을 찾았소."라고 하지 않겠는가? 내가 말하고자 하는 것은 죄를 뉘우치는 한 사람에 대해 하늘에서 천사들이 기뻐한다는 것이다.

	누가 15:3-7	누가 15:8-10
예수=	목자	여인
세리와 죄인=	잃은 양	잃은 동전
하늘의 천사=	친구와 이웃	친구와 이웃

그림 15

누가 15:1-3, 7, 10에 있는 이 쌍둥이 이야기들을 동일한 해석의 틀에서 읽으면, 그림15에서 보여주는 것처럼, 비유들의 의미가 명확해진다. 누가복음의 문맥에서 보면 예수는 찾는 사람이고 죄인들은 그가 찾으려는 사람들이다. 그러나 여기에는 흥미로운 점이 있다. 요한 10장에서 예수의 이미지는 "자기 양의 이름을 부르면서 이끌고, 그는 불러낸 모든 양들 앞에 가시며, 양들은 그의 목소리를 듣고 따라가는" 그런 좋은 목자에 대한 묘사로 확대된다.(10:3-4) 목자인 예수는 그의 양 무리를 물과 초원으로 이끌 뿐만 아니라, 그들을 보호하기 위해 죽기까지 하신다 "나는 좋은 목자이다. 좋은 목자는 양을 위해서 목숨을 바친다. 고용되어 일하는 사람은 목자가 아니며, 양도 자신의 양이 아니어서 늑대가 오면 양을 버리고 도망가고, 늑대는 양들을 잡아채고 양들은 흩어지게 된다. 그는 돈을 목적으로 일하기 때문에 양은 신경 쓰지 않고 도망가는 것이다. 그러나 나는 좋은 목자이다."(10:11-14)

그런데 신약성서 전체 어느 곳에서도 누가가 예수를 좋은 '주부'로 표현한 것에 주목하고 그 주제를 깊게 다루지 않았다. 예수 또는 하나님이 누가 15:3-7에서 나온 좋은 목자가 될 수 있다면, 왜 누가 15:8-10에서 나온 좋은 주부는 될 수 없겠는가? 그렇다면, 이것이 이 쌍둥이 이야기가 갖고 있는 아이러니컬한 유머가 아닌가? 사람들은 하나님이나 예수님이 좋은 목사(남성)이었으니, 좋은 주부(여성)도 될 수 있다고 자기도 모르게 생각하게 되는 함정에 빠지는 것이 아닐까? 아니면 이 두 이야기에는 그보다도 더 심오한 아이러니가 숨겨져 있는가?

현대 성서학은 예수의 이야기의 원래 의도와 복음서 형성 당시의 해석을 구별할 것을 가르쳐 주었다. 우리는 다음 섹션에서 예수의 이야기들의 원래의 기능과 최종적으로 복음서에 의해 사용된 용도 간에 생길 수 있는 차이를 더 살펴볼 것이다. 나는 비유에 대한 "배경"을 제공하는 누가 15:1-3의 해석적 틀들과 15:7과 15:10에 있는 결론적 적용을 한쪽으로 잠시 제쳐놓을 것이다. 일단 나는 15:4-6과 15:8-9에서 나온 두 이야기들을 살펴볼 것이다. 두 비유는 모두 잃어버리는 것과 성공적인 발견, 그리고 문제에서 출발하여 행복하게 끝맺는 것에 대해 크게 기뻐하는 것을 말해주고 있다.

이 이야기와 매우 유사한 예수의 다른 두 비유가 있다. 마태 13:44-46에 두 비유가 연이어 소개되어 있다. 두 비유는 숨겨진 보물과 진주에 관한 것이다. "천국은 어떤 사람이 들판에서 보물을 발견하고는 다시 숨겨놓은 것과 같다. 그는 기쁨으로 자기가 가진 모든 것을 팔고 그 들판을 산다. 다르게 말하면 천국은 어떤 상인이 굉장한 값어치의 진주를 사려고 자기가 가진 모든 것을 팔고 그 진주를 사는 것이다." 이 두 비유에서는 찾는 자들을 사람들로 설명했고 발견되는 대상은 하나님이나 천국으로 설명했다. 누가에 나온 비유와는 별도로, 이것이 예수가 잃어버린 양과 잃어버린 동전의 이야기를 통해서 말하고자 했던 것이라고 생각한다. 예수의 원래 이야기에서 우리는 찾는 자이고, 목자이고, 주부이며, 남자이고, 여자이다. 우리가 찾는 것은 하나님의 나라이고, 그것을 발견하게 되었을 때, 공동체로서 함께 기뻐하게 되는 것이다. 그렇다면 마태 13:44에서의 "기쁨"은 누가 15:6 과 9

절에서 나온 "기쁨"과 정확히 일치한다고 할 수 있다.

이 해석이 맞는다면, 반전은 명백해진다. 이스라엘은 하나님을 자신들의 목자로 여기는 오래되고 위대한 전통을 가지고 있다. 예를 들어서 예언자서 중의 하나인 이사야 40:10-11를 살펴보면, "보라. 주 하나님은 권능으로 오실 것이며, 그의 팔로 통치하실 것이다… 그는 그의 무리들을 목자처럼 먹이실 것이고, 양들을 자기 품에 안아서 인도하실 것이며, 어린 자들을 인도해 주실 것이다." 하지만, 그들의 지도자들이 가짜 목자라는 것을 스스로 증명했기 때문에, 하나님은 새로운 목자들을 찾아야 했다. 그래서 예레미야 23:1-4에서는 "내 목초지를 파괴하고 양을 흩어지게 하는 목자들에게 화가 있으리라!"고 주께서 말씀하셨다.

> 이스라엘의 하나님, 주께서 당신의 백성들을 돌보는 목자들에 관해서 말씀하신다: "너는 내 양 무리를 흩어지게 했고, 그들을 내몰았고, 그들을 돌보지 않았다. 보아라. 나는 너의 악한 행동들에 주목할 것이다." "그리고 나는 남은 양 무리를 몰아내어 흩었던 나라들로부터 우리 안으로 다시 데려 올 것이다. 그리고 그들은 열매를 맺고 번식할 것이다. 나는 그들을 보호해줄 목자를 세울 것이므로, 그들은 더 이상 두려워할 필요도 없고, 낙담하지도 않으며, 어느 누구도 잃어버린바 되지 않을 것이다."라고 주께서 말씀하셨다.

실제로, 목자로 선택된 사람들이 하나님의 양 무리를 이끄는데 실패했기 때문에, 하나님 자신이 그들의 목자가 되셔야만 했다. 이것이 에스겔 34장 전체의 주제이고, 34:11-12에서 그 묘사가 절정에 이른다:

"주 하나님께서 말씀하시기를: 보라. 내가 스스로 나의 양들을 추적하여 그들을 찾아낼 것이다. 목자가 자기 자신의 양이 멀리 떨어져있을 때 찾으러 나서듯이, 내가 나의 양들을 찾아낼 것이다. 그리고 구름과 깊은 어둠의 날에 흩어졌던 모든 곳으로부터 그들을 구해낼 것이다."

다시 말하면, 예수의 이야기는 이러한 위대한 전통에 대한 온화하면서도 반어적인 반전으로 나타난다. 예언자들에게 하나님은 목자이고, 찾으시는 자이며, 그리고 그의 백성들이 잃어버린바 된 자들이고, 방황하는 양들이며, 하나님께서 찾으시는 대상이다. 예수에게는 이것이 반전된다. 우리가 찾는 자이다. 그런데 우리가 찾는 것은 우리가 잃어 버렸던 것, "처음에" 우리의 것이던 것을 찾는 것이다. 반어적인 유머에서 예수는 하나님을 잃어버린 양과 잃어버린 동전으로 만들고, 우리 모두를, 즉 남자와 여자들 모두를 다 같이 잃어버렸던 것을 찾는 자들로 만든다. 예수는 오래 전에 우리를 "하나님의 목자"(The Shepherd of God)라고 불렀다.

비유와 말씀

이 섹션에서는 행동이 아닌 말씀으로 표현된 예수의 비유들 중 몇 개를 살펴볼 것이다.

바리새파 사람들과 세리

구조의 시작과 끝을 알려주는 누가 18:9와 18:14를 잠시 놔두고, 누가 18:10-13을 보면 이런 이야기가 있다. "두 사람이 성전으로 올라가서 기도를 하였다. 한 명은 바리새인이었고 다른 한 사람은 세리였다. 바리새인은 일어나서 스스로 다음과 같이 기도했다. '신이시여, 나는 강탈자들과 불의한 자들, 간음한 자들, 또는 여기 있는 세리와 같지 않음을 감사합니다. 저는 일주일에 두 번 금식하고 제 수입의 10분의 1을 바칩니다.' 그러나 세리는 멀리 떨어져서, 천국을 바라보지도 못한 채, 가슴을 치며 말하기를, '하나님, 죄인인 저에게 자비를 베푸소서.'라고 하였다. 마지막 언급이 독자들로 하여금 반전을 놓치지 않게 해 준다: "내가 너희에게 해줄 말은 이것이다. 저 바리새인보다 오히려 이 세리가 의롭다하심을 받고 집으로 돌아갔다."

여기에는 즉시 발생하는 문제가 있다. 비유는 원래 어떤 사람의 기대를 뒤집어 버리고 그럼으로써 사람이 만든 세상의 안전한 구조를 위협하는 것이다. "바리새인" 또는 "세리"(세금 징수원)란 용어는 현대 사람들에게 즉각적이고, 본능적인 반응이나 기대를 자아내지는 않는다. 사실, 수세기 동안 바리새인들에 대한 그리스도인들의 악의적이고 정확하지 않은 논쟁들 때문에, 예수 시대에 존경받는 도덕적인 지도자였던 그들은 위선적인 악인들이 되어 왔다. 따라서 우리의 기대의 구조는 비유를 들었던 원래의 청중들의 기대의 구조와 다르고, 우리들은 이 비유들에 대해 별 관심을 못 갖게 된다. 물론 예수 시대의 언어와 역사적 상황, 그리고 청중들의 기대에 대한 설명을 통하여 이 비유가 가져온 큰 충격에 대해 공감을 할 수도 있을 것이다. 그러나 설명을 해야 이해되는 비유는, 설명을 해야 왜 웃기는지 이해되는 농담과 같아서, 결국 비유로서의 가치를 상실한 셈이 된다. 그 구조는 그림16에 나타난다.

민속 설화에 관한 두 가지 연구가 도덕적인 바리새인과 부정직한 세리의 병렬구조를 만든 예수의 의외성을 강조하는 데에 도움을 줄 것이다.

헤디 제이슨(Heddy Jason)은 과거에 이슬람 국가에서 거주한 적이 있

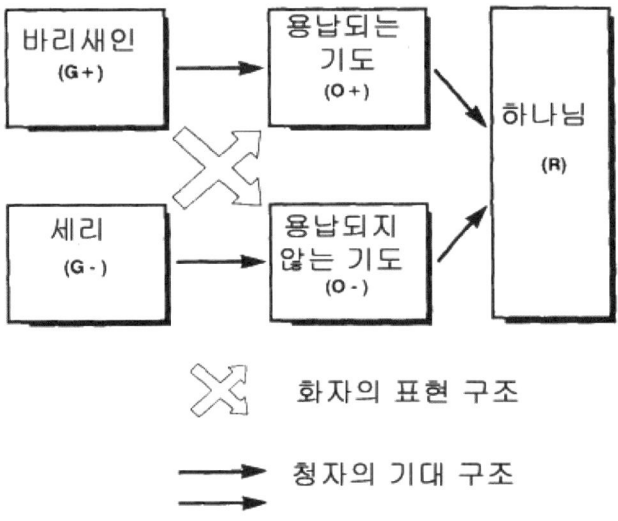

(그림16) 청자는 하나님이 바리새인의 기도를
들으시고, 세리의 기도를 거부하실 것으로
기대한다. 그러나 이야기는 그 반대로 진행된다.

는 지중해와 근동에 있는 유대인들로부터 모은 신성한 전승들에 관한 흥미로운 박사 논문을 썼다.3) 이스라엘 국가의 성립으로 이 사회는 대부분 더 이상 존재하지 않는데, 이는 그 곳의 구성원들이 점차적으로 이스라엘로 이민을 가기 때문이다. 그녀는 자신이 모은 이야기들에 대해서 아래와 같은 결론을 내린다:

    종교 지도자는 암묵적으로 사회의 최고의 가치들을 대변하는 자가 되고, 그의 개인적 자질이나 그의 지도력에 대해서 의심하는 것은 이러한 가치들을 떨어뜨리는 것이다. 이러한 이유로 랍비를 부정적으로 묘사하거나 바보 취급하는 자료는 근동 유대 사

---

3) Jason, *Conflict and Resolution*.

회에서 하나도 발견할 수 없는데, 그 반대로 기독교-유럽 문화에 서는 제사장이 종종 바보 취급당하기도 하고, 어떤 경우에는 유럽의 유대인 사회에서 랍비가 조롱당하기도 한다.4)

예수의 짧은 비유가 주는 절망적일 정도로 단순한 반전으로 인한 충격을 제대로 평가하기 위해서는 오늘날을 살아가는 우리가 약간의 상상력을 발휘할 필요가 있다.

두 번째 연구는 예수의 이야기가 자기 자신의 전통에서 예외적일 뿐만이 아니라, 신화의 일반적인 특징과도 잘 맞지 않는다는 것을 보여준다. 바스콤(W. R. Bascom)은 "민속 설화와 인류학"(Folklre and Anthropology)에서 말하기를, "민속 설화는 오락의 기능에 더해서, 세속적이든 신성하든 이미 확립된 신념, 태도, 관례들을 확인하는 기능이 있고, 문맹인 사회에서는 교육의 기능을 담당한다."5) 다른 논문에서 그는 수사학적인 질문을 한다. "게으름, 자기만족, 패기와 진취성의 결여가 비난받는 민간전승을 찾는 것이 어렵지는 않다. 하지만 어떤 사람이 자기 사회의 관례나 관습을 훼손하거나 경시하라고 제안하겠는가?"6) 그런데 이것이 정확히 예수의 비유에서 제시하는 바이다.

선한 사마리아인

이 이야기는 예수의 이야기 중에 제일 유명한 이야기이다. 몇 년 전에 비유에 대한 나의 관심을 촉발한 것이 바로 이 비유이다. 그 때 나는 이 비유를 읽으면서, 이 속에는 우리가 현재 누가 10:25-29와

---

4) Ibid., 1.

5) Dundes, *Study of Follore*, 33.

6) Dundes, *Study of Follore*, 297.

10:36의 해석의 틀에서 파악한 의미와는 근본적으로 다른 의미가 원래의 비유 속에 담겨있었을 것이라는 생각을 했었다.

누가 10장의 현재 틀에서는 이 이야기가 곤궁에 처한 이웃과 원수까지도 도움을 필요로 할 때에 도와야 한다는 예로 제시되고 있다. 이 이야기는 "그러면 내 이웃이 누구오니이까?"(누가 10:29)라는 어느 율법교사의 질문에 대한 대답으로써 제시된다. 이 질문에 대한 답으로서, 이 이야기가 의미하는 이웃은 적을 포함한 나의 도움을 필요로 하는 모든 사람들이다. 하지만 이제 편집적인 틀들은 제쳐두고, 누가 10:30-35에 있는 이야기를 들여다보자.

> 한 남자가 예루살렘에서 여리고로 가다가 도둑들을 만났는데, 그 도둑들은 그 남자의 옷을 벗기고 폭행한 후 그 남자를 반쯤 죽여 놓고 떠나버렸다. 마침 한 제사장이 그 길을 내려가고 있었다. 그가 길에 누워있는 그 사람을 보고는 반대편으로 지나갔다. 마찬가지로 한 레위인도 그 장소에 와서 폭행당한 사람을 보고는 다른 쪽으로 지나가버렸다. 그러나 사마리아인은 여행을 하다가 강도만난 사람이 있는 곳에 이르러서 그를 보았을 때, 자비심을 가졌고, 그에게 가서, 그의 상처에 오일과 와인을 부으며 감싸주었다. 그런 다음 그 사람은 다친 사람을 자기 짐승에 태워서 작은 여관으로 옮겼고, 그 사람을 간호해 주었다. 그 다음날 사마리아인은 두 데나리온을 여관 주인에게 주며 이렇게 말했다. "저 사람을 간호해 주시오. 비용이 더 들면, 내가 다시 올 때, 갚으리라."

이 이야기에서 현대 독자가 이해해야 할 용어들이 있다. 이 이야기의 화자는 유대인이며, 이 유대인은 동료 유대인들에게 아마도 예루살렘을 배경으로 (강도를 만난 사람이 예루살렘에서 여리고로 내려가는 중이었다는 간접적인 언급에서 추측해 보건대) 이 이야기를 들려주고 있다. 화자는 말하기를, 이 이야기에서 여행을 하던 사람은 우리가 생각해낼 수 있는 어떤 지역에서 여행 중에 있는 우리 중 한 명이라고 얘기한다. 도움주기를 거절한 사람들은, 아마도 화자의 배경이 예루살렘이었으므로, 공식적인 종교 지도자들이었던 "제사장"이나 "레위인"이 선택된 것이다. 이것이 첫 번째 놀라움이고, 두 번째 놀라움은 더 충격적이다. 선행을 하고, 부상당한 사람을 도와준 사람은 사회적, 종교적 소외자였던 사마리아인이었다. 요한 4:9에는 다음과 같이 간단명료하게 기록되어 있다. "유대인이 사마리아인과 상종하지 아니함이러라." 바로 이것이 문제이다. "좋은 사람"으로 여겨진 이들이 악하게 행하고, "나쁜 사람"으로 여겨진 이가 선하게 행한 것이다. 이 이야기가 곤궁에 처한 이웃과 도움을 필요로 하는 적까지도 돕는 것을 격려하기 위해 기록되었다면, 강도 만나서 궁지에 빠진 사람을 사마리아인으로 설정하고, 그를 치료해주려고 멈춘 사람을 유대인으로 설정하는 것이 더 낫지 않았을까?

"제사장", "레위인", 그리고 "사마리아인"은 현대인에게 감정적으로 그 의미가 전달되지 않기 때문에, 그 충격과 도전을 새롭게 전달하기 위해 이 이야기에 현대적 옷을 입혀서 새롭게 말해보겠다.

첫 번째 이야기: 이야기의 화자는 벨파스트(Belfast)에 있는 가톨릭 교회의 소속 신부이다. 다친 사람은 폴스로드(Falls Road)에 사는 사람인데, 짐작컨대 그는 우리 중 한 명이다. I.R.A.에 속한 사람이 그 다친 사람을 지나쳐버렸고, 수녀도 지나가버렸다. 한 프로테스탄트 테러리스트는 지나가다 멈춰 이 사람을 도와줬다. 나머지는 상상해 보라. 이 이야기를 듣는 사람들의 반응은 어떠했을까? 두 번째 이야기: 이야기

를 하는 사람은 베트남에서 미국 군대가 여전히 싸우고 있을 때에, 그곳에서 이제 막 돌아왔고, 저녁뉴스에 나오고 있다. 부상당한 사람은 NBC 여성 특파원이다. 그 여자 곁을 도와주지도 않고 지나가는 자들은 첫째가 미국 특공대원이고, 두 번째는 남베트남 군인이다. 그 여자는 베트콩의 일원으로 싸우고 있는 게릴라에 의해서 마침내 구조되었다. 나머지는 상상해 보라. 방송국에는 어떤 시청자들의 반응들이 쏟아져 들어올까?

각각의 이야기에서 화자는 물론 상세하게 돕는 자의 행위를 묘사할 것이다. 사실 이 이야기의 반 이상은 생각지도 못했던 사람이 어떻게 도움을 주었는지로 채워야한다. 내 질문은 이것이다. 이 두 화자가 이야기를 마치자 자신을 해치려 달려드는 청자에게, "내가 말하려고 했던 것은 원수를 사랑해야 한다는 것이다."라고 납득시킬 수 있었을까? 내가 대학교 1학년을 대상으로 한 수업에서 여기에 기록한 두 번째 이야기를 들려주었을 때, 많은 학생들이 베트콩으로부터 도움을 받을 수 있는 가능성(그 때가 1973년이었다)을 받아들일 수 있으나, "미국 특공대원 부분은 그 이야기에서 빼야 한다."고 말했다. 학생들은 "너의 이웃을 도우라," 또는 "곤궁에 처한 너의 적을 도우라"는 것 이상의 무언가가 이 베트남과 벨파스트 이야기에 있음을 즉각적으로 감지했다. 그래서 선한 사마리아인의 이야기가 현대인들에게 직접적으로 감정적인 반응들을 불러일으키지 않는다는 것을 감안하더라고 그림 17에 나와 있듯이 그 구조는 명백히 비유의 구조이다. 이것이 바로, 그리스어 단어의 숫자를 세기를 좋아하는 사람들을 위해 말하자면, 사마리아인이 도착하기 전에는 46개의 단어가 있지만, 그의 도착으로부터 그의 행동을 단계적으로 하나 하나 묘사하는 데에는 60개의 단어들이 사용된 이유이다. 그리고 그이 행동은 너무나 예측을 뛰어

넘는 것이어서 확실하고 자세히 기록되어야 했다. 이 비유를 듣는 자는 '어떠한 사마리아인도 그렇게 행동하지 않아!'라고 말하면서 그 비유를 무시할 수는 없다. 그들은 대신에 다음과 같은 것을 느껴야 한다. 나는 지금 술, 기름, 당나귀 그리고 여관을 보았다. 나는 두 데나리온을 교환하는 손을 보았다. 나는 지금 사마리아인이 여관 주인과 그 상황에 대해서 의논하는 것을 들었다… 그러나 사람의 마음이 제대로 반응하든 말든, 선한 사마리아인은 기존의 구조에 대한 공격이고, 비록 필요한 경우에는 돕는 것이 당연하지만, 이 이야기는 단순히 곤궁에 빠진 사람을 돕자는 봉사 정신을 고취시키는 이야기가 아닌 것이다.

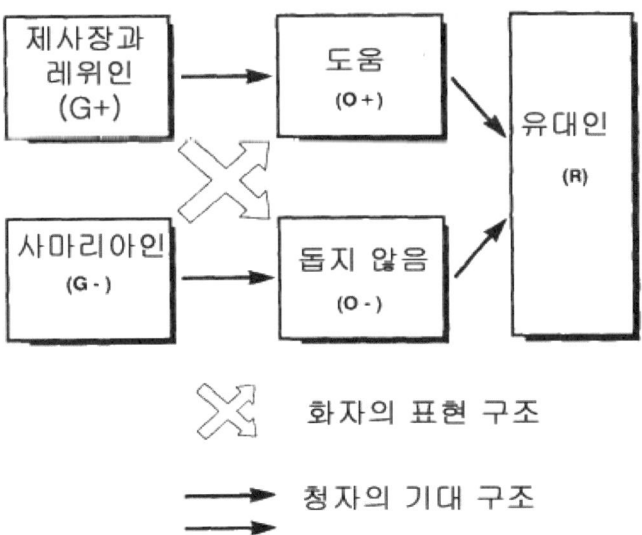

(그림17) 청자는 제사장과 레위인이 도와주고, 사마리아인은 돕기를 거절할 것으로 기대한다. 그러나 이야기는 그 반대로 진행된다.

큰 잔치

이전의 두 비유는 누가에만 기록되어 있어서 분석이 간단했다. 그러나 큰 잔치의 비유를 이해하기 위해서는 살펴봐야 할 연관된 사항이 아주 많다. 이 비유의 연구는 현대 복음 비평에 대한 작은 입문서와 같은 역할을 할 것이다. 이 이야기는 세 가지 형태로 전해진다. 처음 두 개는 신약성서 정경의 복음서인 마태 22:1-14와 누가 14:16-24에 있다. 마태에 있는 본문은 두 부분으로 나누어지는데, 22:1-10의 잔치 그리고 22:11-14의 결혼식 예복 등이다.

> 1.예수께서 다시 비유로 대답하여 이르시되, 2."천국은 마치 자기 아들을 위하여 혼인 잔치를 베푼 어떤 임금과 같으니, 3.그 종들을 보내어 그 청한 사람들을 혼인 잔치에 오라 하였더니 오기를 싫어하거늘, 4.다시 다른 종들을 보내며 이르되 '청한 사람들에게 이르기를 내가 오찬을 준비하되 나의 소와 살찐 짐승을 잡고 모든 것을 갖추었으니 혼인 잔치에 오소서 하라' 하였더니, 5.그들이 돌아보지도 않고 한 사람은 자기 밭으로 가고 한 사람은 자기 사업하러 가고 6.그 남은 자들은 종들을 잡아 모욕하고 죽이니 7.임금이 노하여 군대를 보내어 그 살인한 자들을 진멸하고 그 동네를 불사르고 8.이에 종들에게 이르되 '혼인 잔치는 준비되었으나 청한 사람들은 합당하지 아니하니 9.네거리 길에 서서 사람을 만나는 대로 혼인 잔치에 청하여 오라' 한 대 10.종들이 길에 나가 악한 자나 선한 자나 만나는 대로 모두 데려 오니 혼인 잔치에 손님들이 가득한지라 11.임금이 손님들을 보러 들어 올새 거기서 예복을 입지 않은 한 사람을 보고 12.이르되 '친구여 어찌하여 예복을 입지 않고 여기 들어왔느냐' 하니 그가 아무 말도 못하거늘

13.임금이 사환들에게 말하되 '그 손발을 묶어 바깥 어두운 데에 내던지라 거기서 슬피 울며 이를 갈게 되리라 하니라. 14.청함을 받은 자는 많되 택함을 입은 자는 적으니라.'"

두 번째 이야기는 누가 14:16-24에 있는데, 여기에는 잔치 이야기만 있고 결혼식 예복에 대한 언급은 없다.

16.이르시되 "어떤 사람이 큰 잔치를 베풀고 많은 사람을 청하였더니 17.잔치할 시각에 그 청하였던 자들에게 종을 보내어 이르되 '오소서 모든 것이 준비되었나이다.' 하매 18.다 일치하게 사양하여 한 사람은 이르되 '나는 밭을 샀으매 아무래도 나가 보아야 하겠으니 청컨대 나를 양해하도록 하라' 하고 19.또 한 사람은 이르되 '나는 소 다섯 겨리를 샀으매 시험하러 가니 청컨대 나를 양해하도록 하라' 하고 20.또 한 사람은 이르되 '나는 장가들었으니 그러므로 가지 못하겠노라' 하는지라 21.종이 돌아와 주인에게 그대로 고하니 이에 집 주인이 노하여 그 종에게 이르되 '빨리 시내의 거리와 골목으로 나가서 가난한 자들과 몸 불편한 자들과 맹인들과 저는 자들을 데려오라' 하니라 22.종이 이르되 '주인이여 명하신 대로 하였으되 아직도 자리가 있나이다.' 23.주인이 종에게 이르되 '길과 산울타리 가로 나가서 사람을 강권하여 데려다가 내 집을 채우라. 24.내가 너희에게 말하노니 전에 청하였던 그 사람들은 하나도 내 잔치를 맛보지 못하리라 하였다 하시니라.'"

세 번째 본문은 설명이 좀 필요하다. 사해의 북 서안에 있는 쿰란에서 유명한 사본이 발견되었던 것과 비슷한 시기에 이집트 북쪽에 있는 나그하마디에서도 또 다른 사본이 발견되었다. 이것들은 콥트어로 기록되어 있었으며 영지주의 소종파 도서의 나머지로 보였다. 이 문서 중 하나인 도마복음서는 현재 논의에 특별한 의미를 가진다. 이것은 복음서로 규정되는 보통의 복음서들과는 다르다. 이것은 세례 요한으로 시작하여, 예수의 죽음과 부활로 끝나는 일반적인 "이야기" 형식을 취하지 않았다. 대신에 이것은 114가지 예수의 비유와 격언을 가지고 있고, 거의 대부분이 "예수가 말하기를"로 시작된다. 여기서 우리의 관심을 끄는 것은 출처가 모호하고 경전이 아닌 이 복음서에 큰 잔치 비유의 다른 역본이 있다는 것이다. 이것이 그 역본이다:

> 예수가 말하기를, "한 남자에게 친구인 손님들이 있었고, 그가 저녁을 준비했을 때, 그는 그의 하인을 시켜서 그 손님들을 초대하게 했다. 하인이 처음 사람한테 가서 말했다: '저의 주인님께서 당신을 초대하셨습니다.' 그 사람은 다음과 같이 말했다. '나는 몇몇 상인들과 거래가 있고, 그들이 저녁에 올 것이다. 그리고 나는 가서 그들과 거래를 해야 한다. 내가 저녁에 가지 못하는 것을 용서해주기를 바란다.' 하인은 다른 사람에게 가서 말했다: '저의 주인님께서 당신을 초대하셨습니다.' 그 사람이 대답했다. '내가 집을 샀는데 그들이 하루 안에 거래를 완료할 것을 요구했다. 나는 시간이 없다.' 하인은 다른 사람에게 가서 말했다: '저의 주인님께서 당신을 초대하셨습니다.' 그 사람이 하인에게 답했다. '나의 친구가 결혼을 할 예정이고 나는 저녁을 준비해야 한다. 그래서 나는 못 갈 것 같다. 저녁식사에 못 가는 것을 용서해주시오.' 하인은 또 다른 사람에게 가서 말했다: '저의 주인님께서 당신을

초대하셨습니다.' 그러자 그 사람이 대답하였다. '나는 농장을 샀는데, 소작료를 걷으러 가야 한다. 그래서 나는 참석하지 못할 것 같다. 용서해주시오.' 하인은 돌아와서 주인에게 말했다: '주인님께서 초대했던 사람들은 모두 변명을 하며 참석하지 못한다고 하였습니다.' 주인이 하인에게 말하였다: '도로로 나가서, 만나는 모든 사람을 데려 와서 저녁을 먹게 하여라. 그러나 상인들과 장사꾼들은 내 아버지의 처소에 들어오지 못할 것이다.'"

도마복음서가 우리의 정경인 복음서들에 의존하여 기록되었는지, 아니면 예수의 격언과 비유를 독립적으로 쓴 것인지 학자들은 아직도 논쟁을 하고 있다. 아직까지는 후자 쪽이 더 가능성이 높아 보인다. 그리고 마태와 누가가 공통의 출처를 가지고 썼는지, 아니면 각자 독립적인 자료를 가지고 있었는지에 관한 문제도 있다. 현재로서는 자료 비평의 문제들을 한쪽으로 밀어두고, 한 이야기에서 유래된 세 가지 변형된 이야기에 대해 언급하고자 한다. 나는 원래의 이야기가 무엇을 말했는지, 또한 원래의 이야기에 어떤 변화가 있었는지, 그리고 왜 그런 변화가 있었는지에 대해 관심을 갖고자 한다. 위에서 살펴본 세 가지의 다른 역본을 대충 읽어보아도 세 이야기가 갖는 공통적인 유사점과 각각의 다른 점을 찾아 볼 수 있다.

내가 이 비유에 시간을 많이 쏟는 이유는 다음 두 가지이다. 첫째, 그것은 예수가 말씀하신 비유의 전승이 구원 역사의 모범 이야기(example-story)와 알레고리로 변화하는 전형적인 케이스이기 때문이다. 우리가 이 경우를 이해하면 예수의 모든 비유가 겪어야 했던 변형의 과정 일부를 파악할 수 있을 것이다. 두 번째, 이것은 비유가 문자 그대로 받아들여졌을 때 어떤 일이 벌어지는지에 대한 재미난 예가 된다. 마태는 어떤 이들은 주인에 의해서 연회장에서 쫓겨 날수도 있다는 것을 경고하기 위해 이야기에 후기를 덧붙여야 할 필요가 있다고 생각했다.

(1) 첫 번째 손님들에 대한 초대. 축제는 도마에서의 작은 저녁 파티에서 누가의 큰 잔치로, 그리고 마태에서는 왕의 아들의 결혼 잔치로 극적으로 확대된다. 거절하는 손님들에 대한 정죄의 정도는 도마에서보다 누가와 마태에서 더 크다. 처음 두 경우에서는 원래 초대를 수락해놓고서는 다시 그 날짜에 대해서 상기시켜주었을 때, 그들이 오는 것을 거절했다. 이것은 그들의 거절을 계산된 모욕으로 보이게 하다. 그러나 도마의 경우에 그 이야기는 단순명료하고 현실적이다. 한 남자가 저녁을 준비하고 사람들을 그 날 초대한다. 하인이 사람들을 초대하러 나가고, 거절을 당하여 다시 돌아왔을 때, 저녁은 이미 준비되어 있고 아무도 오지 않으면 버려져야 될 것이다. 도마에서 이 거절은 좀 덜 모욕적이고 평범하게 보인다.

(2) 하인들과 거절. 가장 명백한 차이점은 마태와 다른 두 자료에서 나타난다. 마태는 두 그룹의 하인을 보낸다. 그리고 두 번째 그룹은 죽임을 당한다. 이전까지는 어느 정도 유쾌한 이야기였던 것에 죽음의 메시지가 끼어든다. 누가와 도마의 경우 두 그룹, 심지어 한 그룹의 하인도 존재하지 않는다. 그들은 각각 한 명의 하인이 한 손님으로부터 다른 손님에게 이동해 가면서 초대를 한다. 이 두 경우 모두 하인과 손님 사이에 직접적인 대화가 오고 간다. 여기서 다른 점은 누가의 경우에서는 3명의 손님이 거절을 하고, 도마의 경우에서는 4명의 손님이 거절한다는 것이다.

(3) 처벌. 마태만이 하인의 죽음을 맞이하였기 때문에, 그만이 이 죽음의 처벌에 대해 다루었고, 그는 살인자들의 도시를 불살라버리게

된다.

(4) 새로운 손님의 초대. 여기에는 두 가지 다른 점이 있다. 누가만이 두 그룹을 두 번에 나눠서 새로운 사람을 초대했다. 두 번째로, 누가 만이 새로운 손님을 "거지, 불구, 장님, 절름발이"로 정확히 분류했다. 마태는 그들 중에 "나쁜 이와 좋은 이"를 가지고 있었고, 도마는 단순히 "만나는 사람들"이라고 말했다.

(5) 결론. 다른 점이 가장 두드러지게 나타나는 곳은 마태에서다. 그만이 완전히 다른 드라마의 전개, 즉 결혼예복 이야기를 포함한다. 이 이야기를 추가하기 위해 그는 아마도 처음부터 잔치의 배경을 결혼식으로 만들었을 것이다. 그러나 이 사건은 앞의 이야기와 잘 맞지 않는다. 손님을 길거리에서 아무 경고도 없이 무작위로 데려왔을 때 그들에게서 의복의 우아함을 기대하는 것은 공평하지 않다.

이 모든 변화와 차이점은 무엇을 의미할까? 나는 사라져버린 본래의 이야기를 다음과 같이 제시하고자 한다: 한 남자가 작은 저녁 파티를 계획한다. 그는 하인을 시켜서 세 명의 손님을 초대하고, (그날 저녁에 있을) 저녁식사를 준비한다. 하인은 손님들이 이미 약속이 있어 오지 못한다는 소식을 가지고 돌아오지만, 저녁은 이미 다 준비되어 있다. 자신뿐만이 아니라 자신의 친구들에게 격분한 주인은 하인을 시켜서 만나는 사람은 누구나 데려오라고 한다. 이 사본에서는 금발의 미녀와 곰 세 마리에서 나오는 민간전승의 표준인 3각 구조를 볼 수 있다. 액슬 올릭(Axel Olrik)은 지금은 고전이 되어버린 자신의 소논문에서 말하기를, "이 3의 법칙은 인류 문화의 수 세기, 수천 년에 걸쳐서 민속 전승의 과정에서 전형적인 구조로 확대되어 나타난다. 셈 계통, 더 나아가 아리아 계통의 문화는 이 힘에 지배되었다. 이 구조의 시작은, 최근의 발견과 발굴에도 불구하고 유사 이전의 모호함 속에

숨겨져 있다." 아무튼 우리는 원래의 비유에서는 세 명의 손님을 가지고 있는 것이다.7) 그러면 초기의 사본에서는 무슨 일이 일어난 것일까? 두 개의 서로 다른, 그러나 서로 연결된 변형의 힘이 초기 사본에 작용하였다. 원래 이야기는 모범적인 예로서는 도덕화 되었고, 구속사의 상징적인 측면에서는 알레고리화 되었다. 나는 이 변형의 과정을 한 번에 하나씩 살펴보고자 한다.

(1) 도덕. 도마의 경우에서, "상인과 장사꾼들은 이 장소에 들어오면 안 된다"는 결론적 선언은 작가의 이야기에 대한 이해를 분명히 보여준다. 또한 이 결론은 초대를 거절하는 원래의 손님을 3명에서 4명의 "상인과 장사꾼"들로 확장한 이유를 설명해준다. 이야기에서 상인들이 저녁에 참석하지 않았기 때문에, 그런 사람들은 "내 아버지의 장소"에 이르지 못하는 것이다. 이 이야기는 그렇게 행하면 안 된다는 것을 보여주는 부정적인 예이다. 누가에서의 이야기 역시 우선적으로는 모범 이야기이나, 여기서는 긍정적인 측면, 즉 어떻게 행해야 하는가에 강조점이 있다. 바로 앞부분인 누가 14:12-14에서 예수는 말했다. "네가 점심이나 저녁이나 베풀거든 벗이나 형제나 친척이나 부한 이웃을 청하지 말라. 두렵건대 그 사람들이 너를 도로 청하여 네게 갚음이 될까 하노라. 잔치를 베풀거든 차라리 *가난한 자들과 몸 불편한 자들과 저는 자들과 맹인들*을 청하라. 그리하면 그들이 갚을 것이 없으므로 네게 복이 되리니 이는 의인들의 부활 시에 네가 갚음을 받겠음이라 하시더라." 누가는 14:13에 나오는 사회적 약자들의 목록(위의 이태릭체)을 '잔치' 이야기에 포함시켰다. 그러나 이 두 부분의 강조점은 사뭇 다르다. 14:12-14에서 예수는 이 땅의 보상보다 하늘의 보상을 받기 위해서, 친구들을 초대하기보다는 사회적 약자들을 초대하

---

7) Olrik, "Epic Laws of Folk Narrative," in Dundes, *Study of Folklore*, 134.

라고 말했다. 모범 이야기로서의 이 비유의 핵심은 다음과 같다: "친구들을 먼저 초대하되, 그들이 오지 못한다면, 그 다음에 사회적 약자들을 초대하여 음식이 낭비되지 않게 하라." 이것으로 볼 때 누가가 "가난한 자들과 몸 불편한 자들과 맹인들과 저는 자들"의 언급을 14:13에서 취해서 14:21에 첨가함으로써 사람들이 어떻게 행동해야 하는지에 대한 긍정적인 예를 만들려고 했다는 것이 자명하다.

(2) 알레고리. 누가의 각색에서는 이야기가 은연중에 알레고리화 되었을 수 있다. 그는 처음의 손님들과 거절하는 손님들을 예수 그리스도를 받아들이지 않는 이스라엘인으로 알레고리화하고, 새로운 손님들을 이스라엘에서 예수를 믿는 자들(시내의 거리와 골목에 있는 자들)과 이방인 신자들(길과 산울타리에 있는 자들)로 묘사했었을 수도 있다. 아무튼 이것은 알레고리화가 너무 강하게 진행되어 이야기의 신뢰성이 위협받는 마태와 비교할 때 매우 약한 알레고리이다. 살인을 동반한 거절은 지나친 것이었고, 진멸하는 군대를 "잔치 중에" 보낸 것은 있음직 하지 않고, 이미 본 것처럼, 잔치에서의 결혼식 복장은 앞선 이야기와 잘 맞지 않는다. 그러나 우리가 이 이야기를 마태가 보는 것과 같이, 구속사(the history of salvation)의 알레고리로 받아들이면 모든 것이 이치에 맞는다. 큰 잔치 이야기는 앞에 나온 마태 21:33-46의 악한 농부 이야기의 영향을 부분적으로 받은 것이 분명하다. 다음의 구절을 비교해 보라:

악한 농부	큰 잔치
자기 종들을 보냈다⋯⋯	그 종들을 보냈다⋯⋯
다른 종들을 보냈다(21:34,36);	다른 종들을 보냈다(22:3,4);

그리고 소작인은 종들을 잡아	남은 자들은 종들을 잡아
하나는 심히 때리고,	모욕하고,
하나는 죽이고,	죽였다(22:6);
하나는 돌로 쳤다.(21:35);	
그 악한 자들을 진멸했다. (21:41)	임금이 군대를 보내어 . 그 살인자들을 진멸하고, 그 동네를 불살라 버렸다. (22:7).

　마태는 알레고리화 된 악한 농부의 비유에 나타나는 죽음의 상황을 잔치를 베푸는 가정적인 상황을 다룬 비유와 결합시킨다. 그러나 이것은 마태의 목적을 명확하게 만들어 준다. 이 이야기는 구속사에 대한 비유이다. 마태에 의하면, 이스라엘은 잔치에의 초대를 받아들이지 않고, 초대하러 온 선지자들을 죽였다. 그래서 그는 두 그룹의 종들을 표현하는데, 이것은 초기 선지자들과 후기 선지자들을 의미하는 것이다. 마태는 말하기를, 이스라엘은 기원후 70년에 예루살렘이 파괴됨으로 벌을 받았다고 한다. 그러나 마태는 그리스도 공동체 안에서도 "나쁜 이들과 선한 이들"이 있다고 보고, 일부 그리스도인들도 하나님에게 거절당할 수 있으며, 단순히 그리스도 공동체에 속해 있는 것 이상의 뭔가가 더 필요하다는 것을 알리기 위해서 결혼식 예복 사건을 삽입한다. 이것은 마태복음서의 다른 부분들에서도 드러나는 마태 공동체 안에 있었던 문제점을 반영하고 있다. 요약하면, 마태는 이 이야기를 알레고리화 했고, 누가와 도마는 같은 이야기를 도덕화 했다. 그러나 원래 이야기의 비유적 구조는 이러한 변형 속에서도 그림

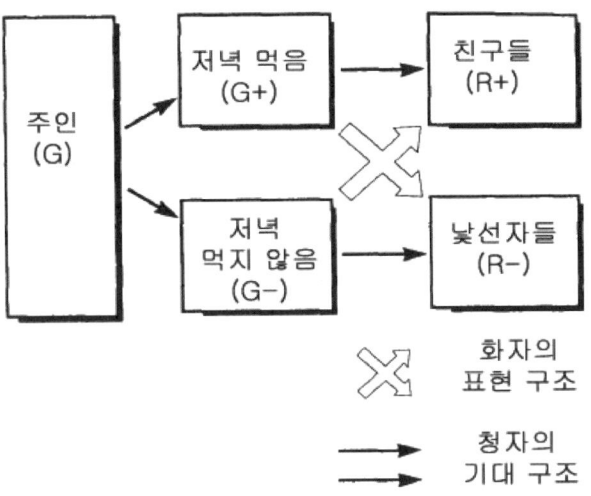

그림 18. 청자는 주인의 저녁 자리에 친구들이 오고, 낯선자들은 오지 않을 것으로 기대한다. 그러나 이야기에서는 낯선자들이 오고, 친구들은 그럴듯한 핑계를 대고 오지 않았다.

18에서 보는 것처럼 명백히 드러난다. 예수께서 말했듯이, 저녁식사에 친구는 없고, 낯선 자들만 있는 것처럼 하나님의 나라가 터무니없는 방식으로 당신을 놀라게 할 것이다.

이 시점에서 나는 카프카의 이야기 속의 문지기에게 말하듯이 큰 잔치의 주인에게 말하고 싶다. "이 모든 것이 매우, 매우 불가능하다." 그리고 키에르케고르(Soren Kierkegaard)가 그의 「아브라함에 대한 찬가」(*Panegyric upon Abraham*)에서 말했던 것이 생각난다. "모든 사람은 기억에 남을 것이다. 그러나 각각은 자신의 기대에 비례하여 위대해질 것이다. 어떤 이는 가능한 것을 기대함으로써 위대해지고, 다른 이는 영원한 것을 기대한 만큼 위대해진다. 그러나 불가능한 것을 기대한 사람은 가장 위대한 사람이 된다. 모든 사람은 기억될 것이지만, 각각은 위대한 노력의 분량만큼 위대하게 될 것이다."8)

비유와 하나님의 나라

예수의 비유 몇 가지를 예로 든 것만으로도 우리는 충분히 문제가 무엇인지 파악할 수 있다. 큰 잔치의 비유를 좀 더 자세히 다룬 이유는 이것이 원래 비유였던 것이 전승에 의해 도덕적 모범 이야기와 역사적 알레고리로 변형되는 전형적인 예이기 때문이다. 요아킴 예레미야스는 비유의 전승에서 일어나는 두 가지의 변형 단계를 명확히 묘사하였다. 그러나 그의 분석에는 몇 가지 무의식적인 아이러니(irony)가 나타난다. 한편으로는 전통에 의해 형성된 도덕화와 알레고리화를 조심스럽고 정확하게 분류하면서 이 부분을 집중적으로 다루지는 않았다. 다른 한편으로는, 그가 원래의 본문을 해석할 때 그 스스로가 종종 도덕화와 알레고리화의 경향을 나타내고 있다는 것이다. 원문의 문을 통해 밖으로 나간 것이, 해석의 창문을 통해 되돌아온 격이다.9) 우리들이 예수가 한 대부분의 이야기들 혹은 모든 이야기들이 원래부터 비유라고 보든지, 아니라고 보든지 간에, 이 장에서 거론된 비유들은 예수를 비유꾼의 전통 안에 확실하게 자리 매김하도록 한다.

나는 비유가 모범 이야기나 알레고리보다 우월하다는 것을 주장하는 것은 아니다. 이러한 유형들을 구분하는 목적은 비유를 모범 이야기나 알레고리로 바꾸는 데서 현저한 변화가 나타나고, 만일 그 결

---

8) Kierkegaard, *Fear and Trembling*, 31.

9) 예레미아스의 권위있는 저서인 『예수의 비유』를 참조하시오.

과가 어설프게 형성된 모범 이야기거나 왜곡된 알레고리라고 해도 놀라지 말아야 한다는 것을 보이기 위함이다. 요점은 복음서에 모범 이야기나 알레고리가 있는데, 이러한 것들이 나쁜 유형의 문학이라는 것이 아니라, 다만 복음서에서의 모범 이야기들과 알레고리들은 완성도가 그리 높지 않다는 것이다. 실패의 가장 큰 원인은 복음서 저자의 문학적 무능력이 아니라, 원래의 비유를 모범 이야기나 알레고리로 바꾸는 것이 가능하기는 하나 어렵다는 데에 있다. 앞의 그림 4에서 제시한 유형들을 생각해보고, 교훈적 우화에서 비유가 얼마나 멀리 떨어져 있는지 주목해보라. 그럼에도 불구하고 모범 이야기나 알레고리는 도덕적 우화의 카테고리에 포함된다. 색스(Sacks)의 말을 마지막으로 인용하면, "기독교적 알레고리는 모범 이야기나 도덕적 우화의 아류로 분류한다."10) 비유는 모범 이야기나 알레고리보다 "더 뛰어나다"고는 말 할 수 없고, 이들은 단지 각기 다른 기능들을 가진 다른 문학적인 형태들이다. 이야기꾼으로써, 예수는 도덕가(moralist)나 풍유가(allegorist)라기보다는 비유꾼(parabler)이었다.

   이 모든 것들이 예수의 메시지에 관련하여 우리를 중요한 결론으로 이끈다. 학자들은 예수가 "하나님의 나라"를 선포했다는 데 동의한다. 예수의 청중들에게 그 표현은 무엇을 뜻했을까? 노르만 페린(Norman Perrin)은 다음과 같이 말한다. "근본적이고 본질적인 언급은 가장 구체적으로 가능한 방법을 통해 수용되는 하나님의 주권, 즉 통치하시는 그의 행위에 관한 것이다. 하나님의 나라는 실제로 실현되는 하나님의 능력이다. 그것은 하나님이 왕으로 명백히 나타나는 곳이다. 그것은 하나님에 의해 다스려지는 장소나 집단이 아니고, 하나님의 통치와 왕권에 대한 추상적인 개념도 아니다. 그것은 구체적으로 왕

---

10) Sacks, *Fiction and the Shape of Belief*, 263.

이신 하나님의 통치 행위이다."11) "하나님의 나라"라는 용어는 하나님의 주권이 명백해지는 행위에 강조점을 둔다.

학자들은 예수가 이야기로 가르쳤다는 것에 동의한다. 하나님의 나라와 예수의 이야기들, 이 둘의 연관성은 무엇인가? 나는 그 연관성이 다음의 격언에 요약되어 있다고 생각한다: 비유는 하나님께 자리를 주는 것이다.(Parables give God room.) 예수의 비유는 하나님이 사람들을 어떻게 대하시는지를 말해주는 역사적인 알레고리나, 하나님 앞에서 그리고 서로 간에 어떻게 행동해야하는지 알려주는 도덕적인 모범 이야기도 아니다. 비유들은 우리가 믿고 있는 세상의 뿌리깊은 구조를 산산이 부수고, 그럼으로써 이야기 자체의 상대성을 분명히고 명백하게 한다. 비유는 우리의 방어능력을 무력화시키고 하나님에게 우리의 약점을 노출시킨다. 그런 경험들을 통해서만 하나님은 우리와 접촉하실 수 있고 그런 순간들에만 하나님의 나라가 임할 수 있다. 이런 관계를 나는 초월성이라고 규정한다.

어쩌면 우리는 치명적인 위험에 처한 순간에야 비로소 우리가 방어능력을 상실했다는 것을 가장 뼈저리게 의식하게 된다. 이러한 때 우리는 진정한 안전(security)이란 안전하지 못한 우리의 유한한 운명을 인정함으로써 오는 평온함이라는 것을 깨닫게 된다. 다른 많은 문제에 대해서도 그러했지만, 셰익스피어는 오래 전에 이 문제의 본질을 파악했다. 『리처드 2세』의 5막 5장에서 보면 왕은 볼링브룩(Bolingbroke)에 의해서 감옥에 갇힌 후, 이렇게 생각한다,

어떠한 생각도 만족스럽지 않다. 더 좋은 종류의 생각은,
신성한 것들에 대한 생각들처럼, 도덕적 관념들과 뒤섞여 있어서,

---

11) Perrin, *Rediscovering the Teaching of Jesus*, 55.

말과 말을 대립하게 한다:

따라서,

"작은 자들아 오라."고 말한 후에,

다시 말한다.

"오는 것은 낙타가 바늘구멍을 통과하는 것만큼 어렵다."

성경에서처럼 "더 좋은 종류"의 생각들은 우리에게 손쉬운 확신을 제공하지 않고, 도리어 모순을 통해 우리를 도전한다.

끝맺음 말

비유꾼이 비유가 되다

이제는 더 이상 노래부르는 사람이 아니라, 노래가 되어....
스윈번(Swinburne)

나는 예수의 이야기들을 청자들의 사는 세계를 안정적으로 받쳐 주는 구조를 부셔 버리려는 의도를 갖고 있는 비유라고 해석했다. 이 비유 안에서, 그리고 이 비유를 통하여, 청자는 하나님의 나라의 가능성에 열리게 된다. 비유를 받아들일 때, 하나님이 인간의 영혼을 만지시고, 인간의 의식은 결국 굴복하게 된다. 나는 또한 초대 교회의 전통이 이 이야기들을 비유에서 도덕적인 모범들로 혹은 역사적 알레고리들로 바꾸었다고 주장했다. 후자는 어떻게 하나님이 그의 백성들에게 행하시는지, 또는 어떻게 그들은 하나님과 서로에 대해서 상호작용하고 행동해야 하는지를 묘사하는 이야기이다. 효과적인 변화를 위해서 초대교회는 이 이야기들을 조심스럽게 구조화된 랍비들의 교육 방법으로 유명한 문학 형태로 만들었다. 이 과정을 서술함에 있어서 나는 그것이 비논리적이거나 후진화의 변화였다고 주장하지는 않는다. 하지만 내가 의문을 품는 점은 그들이 비유를 모범 이야기나 알레고리로 무리 없이 변화시키는 데 성공하였느냐는 것이다.

그러나 비유들이 모범 이야기들과 알레고리들로 변화하는 과정에 있어서 나를 가장 매료시켰던 것은 인위적인 변형이 진행되는 것을 우리가 면전에서 확인할 수 있었다는 점이다. 이것은 우리에게 마지막 문제들을 남겨준다. 어떻게 이런 변형이 일어나는 것이 가능했으며, 또 과연 필연적이었나? 어떻게, 왜 전통이 이 이야기들을 비유에서 모범 이야기나 알레고리로 바꾸었나? 역사적인 예수의 말씀이 초대교회의 말씀으로 변화하는 이러한 중요한 문제에 대한 나의 설명의 열쇠는 다음과 같다: 비유꾼이 비유가 되었다. 예수는 하나님의 나라를 비유를 통해 선포했다. 그러나 초대교회는 예수를 그리스도, 하나님의 비유로 선포했다. 이와 같은 변형의 두 가지 예를 살펴보자.

예수는 자신의 주변에 헌신적인 추종자들을 모았다. 이 무리들은 예수의 비전이 하나님으로부터 온 도전이라고 생각하여 헌신적인 제자가 된 것이다. 이 결정은 그들로 하여금 그들이 속한 종교적 공동체 안에서 다른 무리들과 심각한 갈등을 겪게 하였다. 그리고 예수는 제국주의 권력에 저항하는 자로서 로마 십자가 형틀에 못 박히었다. 이 처형은 예수가 성전을 상징적으로 파괴하고, 선한 사마리아인과 같은 비유적인 언어를 논리적 귀결에 따라 비유적 행동으로 구체화시키는 등의 상징적 행동을 하였기 때문에 촉발되었을 것이다. 그러나 추종자들은 다음의 심각한 질문에 직면해야 했다: 이 모든 것이 끔찍한 실수였단 말인가? 이 십자가형이 예수에 대한 하나님의 심판이고, 예수의 주장과 선포에 대한 하나님의 부정인 것인가? 예수는 그들의 세계가 뒤집어지고, 깊숙이 도전받는 장소와 시간에 그 나라가 그의 추종자들에게 임할 것이라고 말씀하셨다. 그들은 다소 추상적이긴 하나 흥미로운 선포에 고개를 끄덕이며 동의하였다. 이제 모든 것이 마침내 모든 것을 이해하게 되었다. 십자가가 있었고 이에 대한 즉각적인 결론은 십자가가 예수에 대한 신의 거절이라는 것이다. 그러나 예수의 비유적 비전이 맞는다면, 십자가는 거절이 아니라 하나님의 위대한 비유가 되는 것이다. 이제야 비로소 그들은 예수가 그들에게 말했던 모든 것을 이해하게 된다. 십자가가 비유들을 대체하게 되었고, 더 나아가 가장 위대한 비유가 된 것이다. 비유들 자체는 이제 더 이상 중심에 있지 않고 자유롭게 모범 이야기와 알레고리가 되었다. 그렇게 되지 않았으면 우리들은 이것들을 영원히 잃어버렸을 것이다. 이 모든 것을 바울은 자신들의 영적인 은사에 의해 깊은 감명을 받은 고린도인들에게 다음과 같이 설명한다:

> 지혜 있는 자가 어디 있느냐? 선비가 어디 있느냐? 이 세대에 변론가가 어디 있느냐? 하나님께서 이 세상의 지혜를 미련하게 하신 것이 아니냐? 하나님의 지혜에 있어서는 이 세상이 자기 지혜로 하나님을 알지 못하므로 하나님께서 전도의 미련한 것으로 믿는 자들을 구원하시기를 기뻐하셨도다. 유대인은 표적을 구하고 헬라인은 지혜를 찾으나 우리는 십자가에 못 박힌 그리스도를 전하니 유대인에게는 거리끼는 것이요 이방인에게는 미련한 것이로되, 오직 부르심을 받은 자들에게는 유대인이나 헬라인이나 그리스도는 하나님의 능력이요 하나님의 지혜니라. 하나님의 어리석음이 사람보다 지혜롭고 하나님의 약하심이 사람보다 강하니라.(고린도전서 1:20-25)

표적과 지혜 대신에 비유들(parables)과 위대한 비유(The Parable)가 드러난다. 그래서 예수의 비유들은 교회의 모범 이야기들과 알레고리들로 바뀌었고, 예수의 십자가는 교회의 위대한 비유가 되었다. 예수는 비유꾼으로 죽었고, 위대한 비유로 다시 살아났다.

두 번째 모범 이야기는 마가가 창조한 복음서 양식이다. 워너 켈버(Werner Kelber)는 마가복음서는 AD 70년 예루살렘의 멸망 이후에 예루살렘 신앙공동체가 아닌, 갈릴리 신앙공동체가 하나님께 대한 순종의 중심지였다는 "비유적" 주장을 증명하기 위해 씌어졌다고 한다.1) 다시 한 번 비유는 갱신되었다. 하나님은 예수의 친척들과 제자들이 있었던 예루살렘에서, 사람들이 하나님이 있으리라고 예측하던 장소에서 찾을 수 없고, 갈릴리의 유대인들과 이방인들 공동체에 계신다. 데이비드 호킨(David Hawkin)은 다음과 같이 마가의 의도를 요약한다.

> 저자로서 마가의 작업은 그의 독자층에게 보통의 가치가 반전되고, 합리적인 판단이 불합리하게 되는 사물의 새로운 구조를 소개하는 것이다. 예수의 운명은 기독교적 실존의 패러다임이다. "이해"한다는 것은 십자가의 원리를 최상의 종말론적인 반전으로 발견하고 확인하는 것이다. 그런 점에서 마가의 교수법은 매우 깊은 차원을 갖는다. 그의 전략은 몰이해(incomprehension)를 천박함과 무지로 뿐만이 아니라, 인간의 상황과 야망의 모순으로부터 오는 무분별로써 분류하는 것이다.2)

위대한 비유가 화석화되고, 신화로 바뀔 위험이 있을 때마다, 비유는 자신이 길들여지는 것을 거부하고, 그것을 포함하고 있는 구조들을 깨뜨린다.

이러한 점에 대해서 나는 예이츠(W.B. Yeats)에 반대한 프로스트

---

1) Kelber, *The Kingdom in Mark*.

2) Hawkin, "The Incomprehension of the Disciples in the Marcan Redaction," 500.

(Robert Frost)에 동의한다. 예이츠는 "극중의 두 노래"(Two Songs from a Play)에서 예수는 그리스 문화의 관용성을 거슬러서 세상 안으로 폭력을 도입시켰다고 주장한다.3) 그러나 프로스트는 반대하며 다음과 같이 말한다.

> [예이츠]는 그 나사렛 인을 비난하며
> 고대 아테네의 우아함과 스파르타의 엄격함을
> 말살하는, 폭력을 동반하는 어두움을 아시아에서
> 그가 가져왔다고 주장한다.
> 폭력의 방식에 관한 한, 그리스인들은 이에 낯설지 않다.
> 그것은 그들 신화 속에서 나오는 고대의 혼돈 속에서 지속되었고
> 신들에게 자신의 영역에 관하여 혼란을 일으키게 하며
> 번창하였다.
> 알렉산더가 세계를 헬라화 한 이후에도
> 그것은 일상적인 것이었다.
> 만일 폭력이 그리스도가 행한 전부라 할지라도
> 이는 전혀 새로운 것은 아니다.
> 그리스도는 모든 다른 난폭함을 어린이의 연극처럼 만드는
> 논리의 파괴를 도입하러 오셨다:
> 설교에 반하는 죄에 대한 자비.
> 하나님 앞에서 누구도 그것을 생각한 적이 없다는 것이 신기하다.
> 그것은 사랑스럽고, 그것의 기원은 사랑이다.4)

---

3) Yeats, in *Collected Poems*, 210-211.

4) Frost, in *Poetry*, 511.

사람들은 종교를 역사적인 종교와 신화적인 종교로 나누기를 좋아한다. 그리고 유대교와 기독교는 전자에 속한다고 하는데, 이는 그 종교들의 주장이 몇몇 중요한 역사적 사건의 객관적인 사실성과 밀접하게 연결되어 있다고 생각하기 때문이다. 아마도 이제는 이러한 구별을 부적절한 것으로 퇴출시키고, 그것을 다른 종류의 구별로 대체할 시간이 왔다. 더 유용한 구별은 사람에게 "실재"에 대한 최종적 결론을 주고, 그럼으로써 신비의 진정한 체험을 배제하는 신화적 종교와, "실재"에 대한 최종적 결론을 의도적으로 계속 뒤엎으며, 그럼으로써 초월의 가능성으로 우리를 인도하는 비유적 종교와의 구별이다.

편안함(comfort)과 용기(courage) 중 어느 것을 원하는가? 아마 우리는 선택을 해야만 할 것이다.

참고문헌

Auden, W. H., *The Dyer's Hand and Other Essays*. New York: Random House, 1962.

_____, *Collected Longer Poems*. New York: Random House, 1969.

Barrenechea, A. M., *Borges the Labyrinth Maker*. New York: New York University Press, 1965.

Barth, John, "The Literature of Exhaustion." *The Atlantic Monthly* 220 (August 1967): 29-34.

Barthes, Roland, "Introduction al'analyse structurale des recits." *Communications* 8 (1966): 1-27

_____, *Critical Essays*. Evanston, IL: Northwestern University Press, 1972.

Belitt, Ben, "The Enigmatic Predicament Some Parables of Kafka and Borges." *Prose for Borges = TriQuarterly* 25 (1972): 269-93

Borges, Jorges Luis, "Death and the Compass." Pp. 76-87 in *Labyrinths: Selected Stories and Other Writings*. Ed. D. A. Yates and J. E. Irby. New York: New Directions, 1962.

_____, *The Aleph and Other Stories*, 1933-1969. New York: Bantam, 1971.

_____, "The Analytical Language of John Wilkins." Pp. 101-5 in *Other Inquisitions 1937-1952*. New York: Simon & Schuster, 1964.

_____, "The Circular Ruin." Pp. 57-63 in *Ficciones*. New York: Grove 1962. = Pp. 45-50 in *Labyrinths. Selected Stories and Other Writings*. New York: New Directions, 1962. = Pp. 68-74 in *A Personal Anthology*. New York: Grove, 1967. = Pp. 34-40 in *The Aleph and Other Stories*, 1933-1969. New York: Bantam, 1971.

Brooke-Rose, Christine, *A ZBC of Ezra Pound*. Berkeley and Los Angeles: University of California Press, 1971.

Burgire, Richard, *Conversations with Jorge Luis Bonges*. New York: Holt,

Rinehart & Winston, 1968.
Dickinson, Emily, *The Poems of Emily Dickinson*. Ed. T. H. Johnson, 3 Vols. Cambridge, MA: Belknap Press of Harvard University Press, 1955.
Donahue, John R., "Tax Collectors and Sinners." *Catholic Biblical Quarterly* 33 (1971): 39-61.
Dundes, Alan, ed., *The Study of Folklore*. Englewood Cliffs, NJ: Prentice-Hall, 1965.
Eissfeldt, Otto, *The Old Testament: An Introduction*. New York: Harper & Row, 1965.
Eliot, T. S., "A Commentary." *Criterion* XII (1932): 73-79.
_____, *Four Quartets*. New York: Harcourt, Brace and World, 1943. (4개의 4중주)
_____, "Tradition and the Individual Talent." Pp. 259-66 in *Perspectives on Poetry*. Eds. J. L. Calderwood and H. E. Toliver. New York: Oxford University Press, 1968. (전통과 개인의 재능, 이창배 역)
Fann, K. T., *Wittgenstein's Conception of Philosophy*. Oxford: Blackwell, 1969.
Frost, Robert, *A Collection of Critical Essays*. Ed. James M. Cox. Englewood Cliffs, NJ: Prentice-Hall, 1962.
_____, *The Poetry of Robert Frost*. Ed. E. C. Lathem. New York: Holt, Rinehart & Winston, 1969.
Frye, Northrup, *The Educated Imagination*. Bloomington, IN: Indiana University Press, 1964.
_____, "The Critical Path An Essay on the Social Context of Literary Criticism." *Daedalus* 99 (1970): 268-342.
Greimas, Algirdas Julien, *Semantique structurale. Recherche de methode*. Paris: Larousse, 1966
Hawkin, David, J., "The Incomprehension of the Disciples in the Marcan Redaction." *Journal of Biblical Literature* 91 (1972): 491-500.
Hesse, Mary B., *Models and Analogies in Science*. Notre Dame, IN: Notre Dame University Press, 1966.
Janik, A., and S. Toulmin, *Wittgenstein's Vienna*. New York: Simon & Schuster, 1973.
Jason, Heddy, *Conflict and Resolution in Jewish Sacred Tales*. Ph. D. dissertation: Ann Arbor, MI: University Microfilms, 1968. (빈,

비트겐슈타인, 그 세기말의 풍경, 석기용 역, 이제이북스, 2005)
Jeremias, Joachim, *The Parables of Jesus*. Rev. ed. New York: Charles Scribners' Sons, 1963.
Kafka, Franz, "Before the Law." Pp. 61-79 in *Parables and Paradoxes*. New York: Schocken, 1961.
Kelber, Werner, *The Kingdom in Mark*. Philadelphia: Fortress Press, 1974.
Kermode, Frank, *The Sense of an Ending*. New York: Oxford University Press, 1967.
Kierkegaard, Soren, *Fear and Trembling & The Sickness Unto Death*. New Jersey: Princeton University Press, 1954.
Kirk, Russel, *Eliot and His Age*. New York: Random House, 1971.
Kuhn, Thomas S., *The Structure of Scientific Revolutions*. 2d ed. enlarged. Chicago: University of Chicago Press, 1970. (과학 혁명의 구조, 김명자 역, 까치글방, 2002)
Leach, Edmund, *Genesis as Myth and Other Essays*. Cape Editions 39. London: Cape, 1969.
Levi-Strauss, Claude, *Structural Anthropology*. Garden City, NY: Doubleday & Co. 1967.
_____, *The Savage Mind*. Chicago: University of Chicago Press, 1970. (야생의 사고, 안정남 역, 한길사, 1996)
Maranda, Elli Kongas and Pierre, "Structural Models in Folklore." *Midwest Folklore* 12 (1962): 133-92; slightly adapted in *Structural Models in Folklore and Transformational Essays*. Approaches to Semiotics 10. The Hague Mouton, 1971.
Maranda, Pierre, ed., *Mythologies: Selected Readings*. Baltimore: Penguin, 1972.
McKenzie, John L., *A Theology of the Old Testament*. Garden City, NY: Doubleday & Co., 1972.
Miles, J., "Laughing at the Bible: Jonah as Parody." *The Jewish Quarterly Review* 65 (1975): 168-81.
Neruda, Pablo, "Autumn Testament." P. 405 in *Selected Poems*. Ed. N. Tarn. New York: Delta, 1973.
Nietzsche, Friedrich, *The Portable Nietesche*. Ed. Walter Kaufmann. New York: Viking, 1970.

Perrin, Norman, *Rediscovering the Teaching of Jesus*. New York: Harper & Row, 1967.
Popper, Karl, *Conjectures and Refutations: The Growth of Scientific Knowledge*. London: 1963.
Pound, Ezra, *The Cantos of Ezra Pound*. New York: New Directions, 1972.
Ricoeur, Paul, "The Problem of the Double Sense as Hermeneutic Problem and as Semantic Problem." Pp. 63-79 in *Myths and Symbols. Studies in Honor of Mircea Eliade*. Eds. J. M. Kitagawa and C. H. Long. Chicago: University of Chicago Press, 1969.
Rilke, Rainer Maria, *Selected Works: II. Poetry*. Trans. J. B. Leishman. New York: New Directions, 1967.
Sacks, Sheldon, *Fiction and the Shape of Belief*. Berkeley and Los Angeles: University of California Press, 1966.
Vail, L. M., *Heidegger and Ontological Difference*. University Park and London: The Pennsylvania State University Press, 1972.
Van Buren, Paul, *The Edges of Language*. New York: Macmillan, 1972.
Waismann, F., "Notes on Talks with Wittgenstein," *Philosophical Review* 74 (1965): 12-16.
Whitehead, Alfred North, *Process and Reality*. New York: Macmillan, 1969. (과정과 실재, 오영환 역, 민음사, 2003)
Williams, William Carlos, "An Approach to the Poem." Pp. 50-76 in *English Institute Essays*, 1947. New York: Columbia University Press, 1948.
Wittgenstein, Ludwig, *Tractatus Logico-Philosophicus*. London: Routledge & Kegan Paul, 1922. (논리철학논고, 김양순 역, 동서문화동판주식회사, 2008)
Yeats, W. B., Pp 210-11 in *The Collected Poems of W. B. Yeats*. New York: Macmillan. 1956.

추가 참고문헌

Crossan, John Dominic, *In Parables: The Challenge of the Historical Jesus*. New York: Harper & Row, 1973; Sonoma CA: Polebridge Press, 1990

_____, ed., "The Good Samaritan." *Semeia* 2 (1975).
_____, *Raid on the Articulate: Comic Eschatology in Jesus and Borges*. New York: Harper & Row, 1976; Sonoma CA Polebridge Press, revised edition forthcoming.
_____, *Finding is the First Act*. Philadelphia: Fortress Press, 1979.
_____, *Cliffs of Fall: Paradox and Polyvalence in the Parables of Jesus*. New York: The Seabury Press, 1980.
Funk, Robert W., *Language, Hermeneutic, and Word of God*. New York: Harper & Row, 1966.
_____, ed., "A Structuralist Approach to the Parables." *Semeia* 1 (1974).
_____, *Jesus as Precursor*. Philadelphia: Fortress Press, 1975; Sonoma, CA: Polebridge Press, revised edition forthcoming 1991.
_____, *Parables and Presence Forms of the New Testament Tradition*. Philadelphia: Fortress Press, 1982.
Kissinger, Warren S., *The Parables of Jesus: A History of Interpretation and Bibliography*. Metuchen, NY: The Carecrow Press, 1979.
Perrin, Norman, "The Modern Interpretation of the Parables of Jesus and the Problem of Interpretation." *Interpretation* 25 (1971): 131-48.
_____, *Jesus and the Language of the Kingdom*. Philadelphia: Fortress Press, 1976.
Scott, Bernard Brandon, *Jesus, Symbol-Maker for the Kingdom*. Philadelphia: Fortress Press, 1981.
TeSelle, Sallie McFague, *Speaking in Parables: A Study in Metaphor and Theology*. Philadelphia: Fortress Press, 1975.
Via, Dan O., Jr., *The Parables: Their Literary and Existential Dimension*. Philadelphia: Fortress Press, 1975.
Wilder, Amos N., *Early Christian Rhetoric: The Language of the Gospel*. Rev. ed. Cambridge: Harvard University Press, 1971.